현대신서
135

맞불·2

피에르 부르디외

김교신 옮김

東 文 選

맞불 · 2

Pierre Bourdieu
Contre—feux 2

© Éditions Raisons d'Agir, 2001

This edition was published by arrangement
with Éditions Raisons d'Agir, Paris
through Korea Copyright Center, Seoul

차 례

서 문

나는 여기에 지금 막 형성중에 있는 유럽의 사회 운동에 기여하기 위해 몇 가지 공개적 발언들을 연대순으로 다시 묶어 놓았다. 이것들은 대부분 책으로 발표되지 않은 것들로(적어도 프랑스어로는) 때로는 반복을 피하기 위해 요약하기도 했지만 어떤 시점, 어떤 특정 장소에 대한 예상과 결부된 상황의 흔적들은 보전하려고 노력했다. 아마도 나로부터 기인할, 그리고 특히 세계의 상황에서 기인하는 여러 가지 이유들로 인해, 나는 일생을 사회적 세계에 대한 연구에 바칠 수 있는 행운을 갖게 된 사람들은 이 세상의 미래가 걸린 투쟁들과 동떨어져서 중립적이고 무관심하게 있을 수 없다고 생각하기에 이르렀다. 이 투쟁들은 본질적으로는 이론적인 투쟁들로서, 거기서 지배자들은 자발적이거나 대가를 받는 다수의 공범들——브뤼셀에서 위원회·의회·국회의 복도를 드나들며 '로비 활동을 벌이는' 많은 교수들 같은——에게 의지하고 있다. 너무나 널리 강요되고 너무나 만장일치로 인정되어 토의와 논쟁 거리에서 제외된 듯한 인상을 주는 경제·정치적 독사(교리)인 신자유주의의 통설은 자연발생적으로 나온 것이 아니다. 그것은 진정한 생산·보급·개입 계획 안에서 집중되고 조직된 지적 작업이라는 거대한 힘의 지속적인 연장 작업의 산물인 것이다.[1] 이를테면 미국상업회의소협회(AMCHAM) 한 곳에서 98년 한 해에만 10

권의 책과 60건 이상의 보고서를 펴냈고, 3백50여 차례의 유럽위원회 · 의회와의 회의에 참가했다.[2] 그리고 이런 종류의 기관들, 즉 광고 에이전시 · 기업 혹은 독립회사의 압력단체 등의 명단을 적자면 여러 장의 종이가 필요할 것이다. 문화 자본의 집중과 동원을 토대로 한 이런 영향력에 대해서는 이와 유사하지만 전혀 다른 목적을 지향하는 어떤 동원을 근거로 하는 항의만이 유효할 수 있다.

19세기에 학문의 장에서 확인된 전통, 그리고 세상을 경제의 눈먼 힘들에게 맡기기를 거부하고 이상화됐을지 모르는[3] 학문적 세계의 가치를 사회적 세계 전체에 확장하고자 한 전통을 오늘날에 되살려야 한다. 나는 지금 내가 하듯 학자들더러 그들의 자율성을 지키기 위해, 그리고 그들의 직업과 결부된 가치들을 부과하기 위해 모이자고 촉구하는 것이 학자들 중에서도 특히 그들의 상아탑 안에 갇힘이라는 고결한 용이함을 선택함으로써 아카데미의 영역을 벗어난 개입을 그 유명한 '가치론적 중립성'의 위험한 결여로 보는 사람들의 기분을 상하게 할 우려가 있다는 것을

---

1) 대처리즘의 탄생에 관해서는 케이트 딕슨의 《시장의 전도사들》(파리, 레종 다지르 출판사, 1998년)을 보라.

2) 이 점에 관해서는 벨랑 발라냐 · 안 도에르티 · 올리비에 외드망 · 아담 마아니 · 에릭 베슬랭의 《유럽 주식회사. 유럽 기구들과 실업계 사이의 위험한 관계》(마르세유, 아곤 출판사, 2000년)를 보라. 이 책은 수잔 조르주가 서문을 썼다.

3) 리트 타우니 · 에밀 뒤르켐 · 샤를 S. 페르스 같은 각기 다른 사상가들에게 특히 그렇다. (《전문가들의 권위: 역사와 이론면에서의 연구》(블루밍턴, 인디애나대학교출판부, 1984년) 중 토머스 L. 하스켈의 〈전문가 의식 대 자본주의: 전문가 집단의 무관심에 관한 R. H. 타우니, E. 뒤르켐, C. S. 페르스의 생각들〉을 참조하라.)

의식하고 있다. 그런데 그 가치론적 중립성이란 것은 학문적 객관성과 잘못 동일시되거나 잘못 이해되고 있고, 나아가 그것 자체에 반대하여 내가 옹호하고자 하는 학구적 미덕 자체의 이름으로 아무런 검토 없이 비난받고 있다. 하지만 나는 어떠한 희생을 치르더라도 학문적 정복이 비극적으로 결여돼 있는 공적 토론에 그것을 집어넣어야 한다고 확신한다. 그리고 그러면서 주야장천 신문 · 라디오 · 텔레비전을 점령하고 있는 수다스럽고 무능한 논객들에게 신중함을 상기시켜야 한다고도 확신한다. 그렇게 함으로써 부분적으로는 **호모 아카데미쿠스**가 언론과 정치 세계의 저속한 토론에 섞이는 것을 금하는 잘못 이해된 학문적 미덕에 의해, 부분적으로는 전문가들로 하여금 바로 학문적 이익의 관점에서 동료들에게만 읽혀지는 학문적 출판을 위해 그들의 노동의 산물을 유보하는 것이 더 쉽고 그만큼 더 채산성 있다고 생각하게 만드는 관습적 사고와 저술의 결과에 의해, 학자들의 성벽 안에 갇혀 있는 비평적 에너지를 해방시켜야 한다고 생각한다. 사적으로는 기자들이나 중앙은행의 총재들이 그들의 이론을 어떻게 사용하는가에 대해 관심이 없다고 고백하는 많은 경제학자들이 누군가 그들에게 경제학이 학문적으로 정당성을 증명할 수 없고 정치적으로 받아들일 수 없는 정책들을 정당화하는 데 공헌하게 만든 책임이 그들의 침묵에 있으며, 그것이 어떤 면에서 보면 무시하지 못할 정도라는 것을 상기시키면 그들은 아마 화를 낼 것이다.

　지식을 지식의 성 밖으로 내보내라고? 또는 그보다 더 어렵게 학자들을 정치의 세계에 개입하게 하라고? 그렇다면 대체 어떤 행동, 어떤 정책을 위해 그렇게 해야 할까? 지식인들의 '참여'를

경험한 이런저런 모델들, 연대감을 갖고 탄원하는 지식인의 참여
——그런데 이것은 정당들에 의해 다소 뻔뻔스럽게 이용되는 단
순한 상징적 보증이다——또는 자신의 지식을 공유하게 하거나
주문에 맞추어 지식을 공급하는 교육자적 지식인 혹은 노련한 지
식인의 참여로 돌아가기 위해? 아니면 분리의 거부를 기반으로
하지만 '융합'의 개념에 대한 양보는 없는, 그리고 도구주의화의
거부를 기반으로 하지만 반제도적 몽상들에 대한 양보는 없는 학
자들과 사회 운동들 간의 새로운 관계를 생각해 내기 위해? 학자
들과 투사들을 비평과 제안을 위한, 그리고 새로운 형태의 동원과
행동을 이끌어 내는 집단 작업 안에 결집시킬 수 있는 새로운 형
태의 **조직**을 구상하기 위해?

   그렇다면 이 정치적 행위에 어떤 형태를 부여하고, 그것을 어떤
차원에서 이끌어 나가야 할까? 국가적 차원인가, 유럽적 차원인
가, 세계적 차원인가? 투쟁과 요구의 전통적인 목표들은 강자들
의 보이지 않는 정부가 행사되는 이유들로부터 관심을 돌리기 위
해 교묘하게 만들어진 미끼가 되지 않았던가? 역설적이게도 국가
들은 그들의 경제적 박탈을 이끈 (규제 완화라는) 경제 조처의 원
산지였다. 그리고 '세계화' 정책의 지지자들과 비평가들이 다같
이 하는 말과는 달리, 국가들은 그들의 소유권을 박탈하는 정책
에 대한 보증인의 역할을 지금도 계속하고 있다. 국가들은 시민
들, 나아가 지도자 자신들이 그들의 박탈을 인식하고 진정한 정
책의 이유와 목적을 발견하는 것을 방해하는 **차폐막** 기능을 수행
하고 있다. 그들이 교대한 권력을 은폐하는 차폐막 기능들,[4] 혹은
더 정확히 말해 들러리·앞잡이·명의인(이름을 빌려 주는 사람)

들──국내 정치를 다룬 일간지의 1면과 선거전에서 대립하는 이름들──에게 관심을 갖게 하고 관심을 고정시킴으로써 그들의 요구·분노·항의의 진짜 목표들을 잃어버리게 만드는 가면의 기능들 말이다.

정치는 끊임없이 시민들로부터 멀어져 왔다. 하지만 유럽의 기업들과 기구들이 세계의 방향 결정에서 결정적인 비중을 차지함에 따라, 우리는 어떤 효과적인 정치적 행위의 목표 가운데 일부는 유럽 차원에 위치한다고 생각할 자격을 갖게 됐다. 그리고 우리는 유럽이 가진 극도로 반민주적인 기구들의 민주적 변화를 위해 투쟁함으로써 유럽을 정치에, 혹은 정치를 유럽에 돌려 주고자 하는 목적을 위해 헌신할 수 있다. 극도로 반민주적인 기구들로는 일체의 민주주의적 감시를 받지 않는 중앙은행, 은밀하게 일하고 국제적인 압력단체들의 압력으로 일체의 민주주의적·관료주의적 감시 밖에서 모든 것을 독단적으로 결정하는 비선출 관료들로 구성된 일련의 위원회들, 엄청난 권력을 집중시키고 있으면서도 허울뿐인 행정부(유럽장관회의) 앞에서건 허울뿐인 입법부(의회) 앞에서건 보고할 의무가 없는 어떤 위원회 등이 있다. 사실 의회 자체도 유럽 주민 전체에 의한 보통 선거만이 부여할 수 있는 합법성을 빼앗긴 채 압력단체들 앞에서 거의 완전히 무장 해

---

4) 프랑스 정부가 의회의 모든 감시를 벗어나서 법령에 의해 유럽의 강령을 실행할 수 있는 권리를 제멋대로 가질 때 바로 그런 행위를 한다. 유럽의 강령 자체가 **OMC**(세계무역기구)의 강령이 거의 그대로 드러나는 그것의 중역(重譯)이다. (2000년 11월 4일자 《르 몽드》에 실린 알랭 파이예의 글 〈처방전(ordonnances에는 법령이란 뜻 외에 처방전이란 뜻도 있다)의 병〉을 참조하라.)

제된 상태다. 세계가 점점 더 집중화되는 경제력을 행사할 때 방해가 되는 모든 장애물을 치워 주는 것을 목표로 하는 국제 기구들의 강령에 점점 더 복종적으로 되어가는 이런 기구들의 진정한 변화는 오직 폭넓은 유럽의 사회 운동에서만 기대할 수 있다. 그런데 그 운동은 과거의 자신의 모든 문화적·사회적 정복들로 풍부해지고, 세계를 향해 단호히 열린 사회 개혁이라는 관대하고 분명한 계획에서 힘을 얻는 정치적 유럽이라는 개방적이고 일관성 있는 비전을 완성하고 부과할 수 있는 것이어야 한다.

내가 보기에 가장 시급한 일은 모든 유능한 학자들로 하여금 그들의 노력을 책임감 있는 투사들의 노력과 합쳐 지금은 사적이고 고립된 생각들의 잠재적 상태로만, 혹은 부차적인 출판물들, 은밀한 보고들, 비의적 잡지들 안에서만 존재하는 일련의 진보적 분석과 제안들을 집단적으로 토론하고 완성할 수 있는 물질적·경제적, 특히 **조직적** 수단들을 발견하는 것이다. 사실 어떤 자료 정리 담당자의 아무리 세심하고 철저한 수집도, 정당들·협회들 또는 노조들 안에서 벌어지는 어떤 토론도, 이론가의 어떤 집대성도 행동을 지향하는 모든 학자들과 모든 유럽 국가들의 경험 많고 생각 많은 모든 투사들이 얼굴을 맞대고 만들어 낸 것을 결코 대신할 수 없음은 분명하다. 오직 이 모든 사람들·학자들 또는 투사들의 이상적인 모임만이 공동 계획에 뭔가를 가져올 수 있고, 사회 계획이라는 때 묻은 개념에 모처럼 어울리는 멋진 집단 건축물을 지을 수 있을 것이다.

2000년 11월, 파리

유럽의 사회 운동을 위하여*

유럽에 관해 말할 때, 간단히 합의를 보기란 쉽지 않다. 가장 전형적인 자신의 논리에 따라 모든 공적 화제를 검열하고 차단하고 해석하는 언론은 자신의 논리에 갇혀 있는 자들에게 부과되는 불합리한 선택을 모든 사람에게 강요하려 하고 있다. 즉 유럽에 '찬성하여' 진보적·개방적·근대적인 자유주의자가 되든지, 아니면 유럽에 반대하여 의고주의(擬古主義)·복고주의·푸자드주의[반동적이고 편협한 권리 주장을 의미]·르팽주의, 나아가 반유태주의를 자신에게 강요하는 자가 되든지 하는 것이다……. 마치 지금 그대로의 유럽, 다시 말해 단일 은행, 단일 통화로 축소되고 무한 경쟁의 영향력에 복종하는 유럽에 무조건 동의하는 것 말고 다른 정당한 선택권은 없다는 듯이……. 하지만 우리가 '사회적 유럽'이란 말을 입에 올리는 그 순간부터 이런 야만스러운 대안을 정말로 벗어날 수 있다고 믿는 것은 하나의 오류일 것이다. 지금껏 '사회적 유럽'에 관한 담론들은 노동·건강·주거·퇴직 등 시민들의 일상 생활을 지배하는 구체적인 기준들 안에서 시시한 해석만을 해왔다. 반면 경쟁 분야의 강령들은 매일같이 재화와

---

* 《르 몽드-외교》 1999년 6월호, 1쪽, 16-17쪽.

용역의 공급을 뒤흔들고, 나라의 공공 서비스들을 빠른 속도로 무너뜨리고 있다——유럽중앙은행이 모든 민주주의적 토론을 벗어나서 운영할 수 있는 정책은 아예 거론하지 않고도 말이다. 우리는 '사회' 헌장을 구상할 수 있고 동시에 엄격한 봉급, 사회적 권리의 축소, 체제 비판 움직임의 탄압 등을 결합시킬 수 있다. **유럽의 건설은 당장에는 사회의 파괴를 의미한다.** 프랑스의 사회주의자들처럼 이 수사학의 속임수에 의지하는 사람들은 영국식 '사회주의적 자유주의,' 즉 대처리즘의 모호화 정치 전략의 모호함을 한 단계 더 높이는 역할밖에 하지 않는다. 혹평을 당한 적이 거의 없는 이 대처리즘은 잘 팔리기 위해서 미디어에 의해 재활용된 사회주의적 상징 체계의 기회주의적 이용만을 기대하고 있다.[5] 요즘 유럽에서 권좌에 오른 사회민주주의자들이 통화의 안정과 예산의 엄정함을 내걸고 지난 두 세기의 사회적 투쟁과 관련된 가장 훌륭한 지식들, 즉 보편주의 · 평등주의(평등과 형평 간에 예수회식으로 미세한 차이가 있다고 보고 그것에 의거한) · 국제주의를 청산하는 데, 그리고 사회주의 사상의 본질 자체 또는 이상을 파괴하는 데 협력할 수 있는 것도 그래서이다. 사회주의 사상의 이상이란 간단히 말해 경제 세력들의 작용에 의해 위협받는 '연대 의식'을 조직된 집단 행동에 의해 보호하거나 재건설하려는 야심을 말한다.

유럽의 많은 나라들의 지도부에 거의 동시에 행해진 사회민주주의자들의 접근이 그들에게 진정한 사회 정책을 공동으로 구상

---

5) 케이트 딕슨, 《품위 있는 상속자》, 파리, 레종 다지르 출판사, 2000년.

하고 이끌 수 있는 현실적인 기회를 열어 주는 바로 그 순간, 그들이 이런 식으로 국고 분야뿐 아니라 고용 · 교역 · 노동권 · 직업 교육 또는 공공 주택 분야에서 그들에게 제공된 글자 그대로 정치적인 행동의 가능성들을 탐색하려는 생각을 떠올리지조차 못한다는 것은 유감스럽지만 분명한 현상이 아닌가? 그들이 이를테면 유럽의 중심에서 특히 최저임금(합리적으로 조정된), 노동 시간, 또는 젊은이들의 직업 교육 분야에 공통되는 사회적 기준들을 제정함으로써 이미 상당히 진척된 '웰페어(복지)'라는 사회적 경험의 파괴 과정을 효과적으로 반대하는 방법을 강구하지 않은 것도 놀랍고 의미심장한 일이 아닌가? 반대로 그들이 자본의 국제적 세법(특히 초단기의 투기 움직임들을 대상으로 하는)의 창설(과거에는 그들의 선거 계획 속에 들어갔다), 또는 경제 제도들간의 안정된 관계를 보장할 수 있는 통화 제도의 재건 같은 조처들을 가지고 통제하기 위해서가 아니라 오히려 '금융 시장'의 기능을 촉진시키기 위해 서둘러 모임을 갖는 것이 불쾌하지 않은가? 그리고 민주주의의 모든 통제를 벗어나 '유로(암암리에 유럽과 동일시되는)의 지지자들'에게 허락된 사회 정책들을 검열할 수 있는 권력이 유럽의 '강령 작성 법안'이라는 일관성 있는 어떤 총체——이것은 단순히 통화와 무역의 통합 논리가 정도를 벗어난 경쟁 속으로 들어가도록 강요하는 국가 또는 지역 행정을 적어도 부분적으로는 점차 대체할 수밖에 없는 초국가적 기구의 창립으로 인도할 것이다——의 의지주의적 창설을 기반으로 하는 경제적 · 사회적 개발이라는 거대한 공공 계획, 특히 교육 · 보건 · 사회 보장의 자금을 대는 것을 금한다는 것이 놀랍지 않은가?

유럽 각국의 경제적 교역의 총체 안에서 차지하는 유럽 내 교역의 비중에 비추어 볼 때, 유럽 각국의 정부들은 적어도 유럽 내부의 경쟁의 효과를 제한하고 비유럽 국가들의 경쟁에 대해, 특히 그것을 보호하는 것으로 간주되지만 사실은 순수하고 완벽한 경쟁의 법칙에 대부분 적합하지 않은 미국의 명령에 대해 집단적 저항을 내세우는 것을 목표로 하는 공동 정책을 적용할 수 있을 것이다. 고용주들이 국제 경쟁을 내걸고 70년대 중반부터 담론에서나 실천에서나 끊임없이 촉진해 온 사회 분야의 역행적 계획을 통과시키기 위해 '세계화'라는 망령을 내세우지 말고. 사회 분야의 역행적 계획이란 공적 개입의 축소, 노동자들의 유동성과 유연성——법령의 축소와 불확실화, 노동조합법의 재검토, 해고 조건의 완화와 함께——국고 보조 정책을 통한 개인 투자의 공적 지원, 고용주의 세금 삭감 등을 의미한다. 요컨대 이 정부들은 그것을 실현할 수 있는 모든 조건이 결집했음에도 불구하고 그들이 주장하는 정책을 위해서는 거의 아무것도 하지 않음으로써, 그들이 이 정책을 정말로 원하는 것은 아니라는 것을 분명하게 드러내고 있다.

사회의 역사는 그것을 부과할 수 있는 사회 운동의 변화 없이는 사회 정책이 없으며, 시장 경제를 '개화'시킨 것은 오늘날 사람들이 주장하듯 시장이 아니라 사회 운동이며, 그것이 시장 경제의 효율에 크게 기여함으로써 그렇게 했다는 것을 가르친다. 따라서 경찰의 유럽, 징벌하는 유럽(이미 상당히 진척된)과 군대의 유럽(이는 아마 코소보의 개입의 결과일 것이다)의 측면 지원을 받는 은행들의 유럽, 화폐의 유럽에 대한 반론으로 사회적 유럽을 현실적으로 내세우고 싶어하는 그 모든 사람들에게 문제는 이 목적을 달성할 수 있는 힘을 어떻게 동원하느냐 하는 것과 이 동원 작업을 언제 요구할 것이냐를 알아내는 것이다. 그들은 분명 유럽노동조합연맹을 생각할 것이다. 하지만 이런 기관은 우선 예의바르고 품위 있게, 자크 들로(유럽의회 회장)가 소중히 생각하는 '대화'의 규범에 맞는 온건한 로비 활동을 벌임으로써 유럽의 사안들을 관리하는 데 동참하려고 노력하는 '파트너'로서 처신해야 한다고 일러 주는 코린 고뱅 같은 전문가들에게 아무도 항변하지 않을 것이다……. 그리고 우리는 유럽노동조합연맹이 고용주들의 의지(이것은 유럽기업고용주연합(UNICE)으로 조직돼 있고, 그것의 의지를 브뤼셀에 강요할 수 있는 강력한 압력단체를 갖추었다)에 효과적으로 반대하고, 파업·시위 같은 사회적 투쟁의 평범한 무기들과 함께 유럽 차원의 진정한 단체 협약을 부과하는 수단을 제공하는 데 전혀 힘을 기울이지 않았다는 것을 부정할 도리가 없다.

따라서 적어도 단기적으로는 유럽노동조합연맹이 단호하게 전투적인 노조 운동에 가담하기를 기대할 수 없으므로 우선은, 그리고 잠정적으로는 국내의 노조 쪽으로 고개를 돌릴 수밖에 없다. 그렇지만 유럽 차원에서는 기술주의적 외교의 유혹에서, 그리고 국내 차원에서는 그들을 국가라는 한계 안에 가둬두려고 하는 관례와 사고의 틀에서 벗어나기 위해 그들이 실천해야 할 진정한 '대화' 앞에 놓인 거대한 난관을 무시하면 안 된다. 그리고 이것은 특히 신자유주의 정치와 그들의 논리에 맡겨진 경제 세력들의 영향하에——이를테면 수많은 대기업의 사유화와 대개는 임시

직·시간직·대리직, 때로는 가내 용역들 안에 격리되는 '작은 일
자리들'의 증가와 함께——투사들의 노조 운동의 기반 자체가 위
협받을 때 그렇다. 노조 가입의 쇠퇴뿐 아니라 특히 젊은이들, 그
중에서도 특히 이민 출신 젊은이들의 미미한 참여가 이를 증언하
고 있다. 이것은 많은 우려를 낳고 있으며, 아무도——혹은 거의
아무도——이 전선에서 군인들을 소집할 생각을 하지 않고 있다.

따라서 사회적 유럽의 원동력이 될 수 있는 유럽의 노조 운동을
생각해 내야 한다. 그리고 그것은 다소 철저한 일련의 결별이라는
대가를 치러야만 존재할 수 있다. 항상 국가라는 한계 안에 갇혀
있는 노조 전통의 국가적, 나아가 국가주의적 고수와의 결별. 왜
냐하면 그들은 존재하는 데 없어서는 안 될 원천의 대부분을 노
조의 전통으로부터 기대하고, 그것이 그들의 요구와 행동의 목적
과 영역을 규정하고 범위를 정하기 때문이다. 비판적 생각과 행동
의 가치를 떨어뜨리고, 피지배자들이 그들의 종속 관계를 받아들
이게 하는 것을 목적으로 하는 어떤 정책에 대한 책임을 노조들
에게 공유하도록 사주할 정도로 사회적 합의에 높은 가치를 부여
하려 드는 어떤 강제화의적인 생각과의 결별. '세계화'의 불가피
한 필연성과 금융 시장의 영향력(정치 지도자들은 그들의 선택의 자
유를 이것 뒤에 은폐하기를 좋아한다)에 관한 미디어 정치적 담론
만 조장하는 것이 아니라, 보수주의 정부들의 정책의 요점을 연
장하거나 연기함으로써 이것이 유일하게 가능한 정책인 것처럼
보이게 하고, 고용주의 요구를 강화하는 데 유리한 조처들을 참
다운 복지 정책의 소중한 정복처럼 보이게 하려는 사회민주주의
정부들의 행동 자체가 조장하는 경제적 숙명론과의 결별. '유연

성'이라는 겉모습 뒤에서 편파적인 노동 계약이라는 유연하지 못한 요구를 제시하는 데 능한 신자유주의와의 결별(이를테면 노동 시간 축소와 주당 35시간 법에 관한 협상과의 결별. 이것들은 신자유주의를 변화시키기보다는 비준하는 경향이 있는 한 국가의 허약함과 무기력의 보편화로 인하여 점점 더 균형을 잃어가는 힘의 관계의 목표가 되는 일체의 모호함을 이용한다).

개혁된 노조 운동은 확고한 국제주의 정신으로 움직이는, 그리고 국가의 사법적 · 행정적 전통뿐만 아니라 국가 내부의 사회적 장벽, 직업의 분야와 범주, 그리고 성별 · 연령 · 민족의 등급을 나누는 장벽과 결부된 장애물들을 극복할 수 있는 동원 요인들을 촉구할 것이다. 사실 젊은이들, 특히 이민 출신 젊은이들이 외국인을 싫어하는 목소리들을 위한 정책 경쟁과 최대한의 청중을 위한 미디어적 경쟁이라는 변증법 안에서 그것에 의해 생산되고 합의된 사회적 공포라는 집단 환각에 너무 강박적으로 빠진 나머지, 거꾸로 진보주의적 정당들과 노조들의 염려 속에 유럽 전역에서 '불안'에 대한 담론과 그것이 사주하는 정책이 그들에게 허가하는 것에 반비례하는 자리를 차지하고 있는 것은 역설적인 일이다. 모든 나라의 '이민들' · 터키인들 · 카빌인들 또는 수리남인들로 구성된 진정한 인터내셔널(국제노동자연맹)이, 각기 다른 유럽 국가들의 노동자들과 손잡고 다양한 매개들을 통해 그들 이민의 책임자들이기도 한 지배적인 경제 세력들에 맞서는 초국가적인 행동에 들어가기를 어떻게 기대하고 희망하지 않을 수 있으랴. 사람들이 '이민'으로 부르기를 고집하는 이 젊은이들, 오늘날 체념한 복종 이외에 다른 출구는 없는 이 젊은이들, 사람들이 그들

에게 때로는 통합의 이름으로 권장하는 크고 작은 범죄들, 혹은
변두리의 소요라는 농민·빈민 폭동의 근대적인 형태를 장려하는
이 젊은이들이 혁신적이고 건설적인 사회 운동의 적극적인 주체
자로 변모한다면 유럽 사회는 실제로 얼마나 많은 것을 얻겠는
가! 이민들의 사회 운동 내 재통합은 초국가적 정치로 나아가는
첫걸음이 되어야 할 것이다.

　하지만 우리는 또한 한 사람의 시민으로서, 이제부터 모든 효과
적인 저항 전략의 조건이 된 국제주의자로서의 소질을 개발하기
위해 유럽 노조 학교의 창설과 같은 잡다하고 분산된 다음과 같
은 일련의 조치들을 생각해 볼 수 있다. 각각의 노조 조직 안에서
다른 나라 단체들과의 교섭을 목적으로, 특히 국제 정보를 수집
하고 유통시키는 임무를 맡아 특별히 정비된 결정 기관들의 강화.
임금, 노동 조건, 고용 분야의 조정 규칙의 점진적 수립(이것은 어
떤 임금 조정 정책, 또는 영국의 일부 기업들에서처럼 파업권 포기에
관한 동의를 승낙하고 싶은 유혹과 싸우기 위해서이다). 당장 운송
기관(철도, 도로) 안에 존재하는 기구들을 모델로 한 기업 노조들
의 조정 기구. 다국적 기업 안에서 경영진의 분파주의적 압력에
저항할 수 있는 국제기업위원회의 강화. 진보적인 조직들 안에서
조차 국가주의, 나아가 분열과 민족주의적인 생각으로의 역행을
선동하는 요인들로 이용되기를 멈추고, 정당들과 노조들의 전략
의 표적과 대상에서 이렇듯 저항과 변화의 주체가 될 수 있는 이
민의 방향으로의 모집과 동원 정책 장려. 나라마다 각기 다른 영
향력을 갖는 공기업·사기업의 노조들간의 적극적인 협력 관계의
조정과 건설 같은 새로운 형태의 동원과 행동의 인정과 제도화.

자폐적인 노동 세계로 축소된 '사회 문제'에 대한 편협한 정의와 절교하기 위해, 노동에 대한 요구를 보건, 주택, 교통, 직업 교육, 남성과 여성의 관계, 여가 분야의 요구들과 연결시키기 위해, 전통적으로 집단 보호 장치가 없는 분야들에서 노조원 모집과 노조 재가입 노력을 시작하기 위해 요구되는 (노동조합과 다른 것들에 관한) '의식의 전환.'

하지만 우리는 **통합된 유럽노조동맹의 건설** 같은 누가 봐도 공상적인 목적을 가진 경제학을 할 수 없다. 그런 계획은 아마 유럽의 사회 운동을 '하기' 위해 필요할지도 모르는 집단 체제들의 무수한 변모와 개인적 의향들의 수많은 전향에 관한 집단 연구를 고취하고 지도하는 데 없어서는 안 될 것이다. 사실 그것이 그런 운동을 건설할 때 노조 운동과 사회 운동, 그리고 이 분야들에서 각 나라들마다의 차이를 생각하는 모든 관례적인 사고 방식의 거부보다 더 절대적인 선행 조건은 아니다. 왜냐하면 허약화가 부과하는 새로운 사고 방식, 행동 방식의 모색보다 더 시급한 과제는 없기 때문이다. 실업의 불안과 공포에서 기인하는 새로운 유형의 사회적 징계의 근거는 노동계의 가장 우대받는 자들의 수준에까지 타격을 미치고 있고, 보편화된 허약화는 새로운 형태의 연대감이라는 원칙에서 그것들의 확장과 원칙 안에 존재할 수 있다. 그것들이 많은 이익을 얻어야 할 기업들의 주주들에게 충분한 이득을 제공하려는 염려에 의해 강요되는 집단 해고의 형태를 취할 때처럼 특별히 수치스럽게 인식되는 위기의 경우에 특히 그렇다. 그리고 새로운 노조 운동은 허약화 정책의 희생자들간의 새로운 연대감에 기댈 줄 알아야 할 것이다. 그런데 오늘날 그 희생자들은 사무원과 노동자들만큼이나 교육·건강 관련 직업들, 그리고 커뮤니케이션 관련 직업들(기자들 같은)과 같은 큰 문화 자본의 직업들에도 많다. 하지만 매우 미묘할 때가 많은 모든 전략에 대한 비판적인 분석을 가능한 한 많이 생산하고 전파하려고 노력해야 할 것이다. 그런데 사회민주주의 정부들의 어떤 행동들은, 반드시 알고서 그러는 것은 아니지만 그런 전략들에 협력하고 있다. 새로운 방식의 지배에 관한 애매한 전략들이 모든 차원의 사회적 서열에서, 그 자체가 소외되고 불안정한 상태로 귀착될 수밖에 없는 학생들을 맡은 불안정한 교직자들, 사회적 보장 없이 조건면에서 상당히 비슷한 주민들을 동반하고 구제하는 일을 맡은 사회보장 관련 노동자들 등 공유된 환상 속으로 들어가는 경향, 끌어들이는 경향이 있는 유사 전략의 희생자들에 의해 실행될 때가 많은 만큼 이런 분석은 이끌어 내기가 어렵고, 특히 그들의 조건에 대해 각성하도록 이끌어야 할 사람들에게 강요하기가 그만큼 더 어렵다.

진정한 사회적 유럽에 대한 희망이 제안할 수 있는 것과 같은 합리적인 이상만이 노조들에게 오늘날 그들에게 부족한, 그리고 그들로 하여금 특히 노조의 서비스와 이익의 시장에서 최고의 위치를 차지하려는 경쟁에서 나오는 단기적인 단체의 이해 관계로부터 벗어나도록 격려하거나 강요할 수 있는 넉넉한 전투적 하부 조직을 보장할 수 있을 것이다. 특히 실업자들의 운동에 전적으로 편입함으로써 전통적인 조직체들의 한계를 극복할 수 있는 사회 운동에 대한 보편적 의지만이 이제는 국제적 차원이 된 그들의 실천 현장에서 경제 세력, 금융 세력에 맞서 효과적으로 싸우

고 저항할 수 있을 것이다. 최근의 국제적 운동들——유럽 실업
자들의 행진은 가장 본보기적인 예일 뿐이다——은 아마도 사회
운동 안에서, 그리고 그것 너머에서 국제주의, 혹은 더 정확히 말
해 사고 방식과 행동 양상의 국제주의화의 중대한 필요성에 대한
집단적인 발견의 첫번째 신호들——아직은 변덕스러운——일
것이다.

1999년 6월, 파리

미국적 모델의 부과와 그 결과*

　유럽의 모든 나라에서 시행되고 있고, 세계은행·OMC(세계무역기구)·IMF(국제통화기금) 같은 거대한 국제 기구들이 세계 도처에 강요하고 있는 경제 정책들은 경제학의 권위를 내세운다. 사실 이것들은 특정 역사의 전통 안에 기재된, 그리고 오늘날에는 미합중국에 의해 구현되는 일련의 도덕 정치적 전제들을 토대로 하고 있다. (발표의 이 지점에서 나는 여기, 이 나라에서 가능한 오해를 멀리하기 위한 전제 조건으로서 나의 발언이 어떤 종류의 반미주의로부터도 영향을 받지 않았다는 것을 말해야겠다. 내가 말하고자 하는 것은 어떤 국민, 또는 그들의 이런저런 대표자들에 대한 원칙적인, 그리고 선결돼야 할 적의이다. 미합중국의 정치 비판은 사실 지배 관계에 반대하고, 그것을 영속시키거나 강요하는 것을 목적으로 하는 정책에 반대하는 방향으로 인도되고 있으며, 그것은 미국인이든 미국인이 아니든 공히 잘 제기할 수 있고 또 그래야 한다──그리고 실제로 '**글로벌라이제이션(세계화)**' 정책에 대한 투쟁은 미국인들에 의해 시작된 적이 많았다.)

---

　* 레종 다지르-로쿼머 크라이스 출판사의 토론에서 발언한 내용, 로쿼 출판사(독일), 16-17쪽, 1999년 10월.

형식면에서 가장 순수한, 다시 말해 가장 형식화된, 하지만 결코 스스로 믿고 싶고 남들에게도 그렇게 믿게 하고 싶을 만큼 중립적이지는 않은 경제 이론과 그것의 이름으로 적용되거나 그것의 중재를 통해 합법성을 인정받는 정책들 사이에, 특정 경제 세계 속으로의 잠수라는 유산을 물려받은 모든 전제들이 스며든 주체들과 기구들이 개입한다. 신자유주의적 담론이 모델로 지정하는 경제학은 소위 보편적이라고 하는 그것의 특징들 가운데 상당수를 그것이 특정 사회 안에 잠겨 있다(embedded)는 사실, 다시 말해 어떤 믿음과 가치 체계와 도덕적인 세계관, 즉 **경제적 상식**에 뿌리박고 있다는 사실에 빚지고 있다. 그런데 그 경제적 상식이란 것 자체도 사회 구조, 그리고 특정 사회 질서에 관한 인식 구조와 결부돼 있다.

　그래서 첫째로 도처에서 적용되는 경제 정책의 모델이 미국 경제라는 특정한 예를 보편화하고, 이런 식으로 그것에 엄청난 경쟁적·실질적 특권뿐 아니라 상징적인 특권까지 제공하는 결과가 나오게 되었다. 왜냐하면 그것이 지금과 같은 존재 방식을 정당화하기 때문이다. 둘째로 그것의 원형적·모범적 형태인 미국을 비판하지 않고는, 그리고 그와 동시에 특히 독일에서 '반미주의'에 속하는 것으로 인지되는 모든 것에 이유를 따지기 전에 가해지는 비난의 대상이 되지 않고는 그 모델을 비판할 수 없는 결과가 나오게 되었다. 그 모델은 (이론적으로 정당하고 현실에서 유효한 것으로 인정된 제안으로 소개된다는) 여러 가지 가정들을 근거로 하고 있다. 첫번째 가정은, 경제는 정부들이 반대할 수 없는 보편적인 자연법에 의해 지배받는 별개의 분야라는 것이다. 두번째 가정은, 시장은 민주 사회 안에서 효과적이고 공정한 방식으로 생산과 교환을 계획하는 최적의 수단이라는 것이다. 세번째 가정은, **'글로벌라이제이션'**은 특히 사회적 권리의 영역 안에서도 비용은 많이 들면서 제 기능은 발휘하지 못하는 것으로 간주되는 고용과 사회 보장 분야에서 국가의 지출의 축소를 요구한다는 것이다.

이 모델이 경제 이론이라는 순수한 원칙보다는 특정 사회의 전통, 즉 미국 사회의 전통이라는 역사적 특성에 더 많은 것을 빚지고 있다는 것을 확인하기 위해서는 지배적인 관점을 행사하는 상징적 부과의 효과에서 벗어나는 것으로 충분하다. 그러면 여기서 미국 사회의 전통을 잠깐 언급하고 넘어가겠다. 첫번째로, 이미 최소한으로 축소된 상태에서 초자유주의적 보수주의 혁명(레이건이 시작하고 클린턴이 연장한, 그리고 특히 그것의 웰페어 리폼(복지 개혁). 이것은 미혼모처럼 가장 가진 것이 없는 사람들에 대한 원조의 폐지를 지적하기 위해 반어법을 사용한 특별한 완곡어법이다)에 의해 철저히 약화된 '국가의 무력'과 함께 그 결과로 경제적 · 과학적으로는 매우 앞선 사회가 사회적 · 정치적으로는 매우 뒤처지는 이런 역설적인 사회의 다양한 특성들. 이것을 나타내는 많은 지표들 가운데 나는 하나로 일치되는 일련의 사실들을 언급하겠다. **물리적 폭력에 대한 전매특허**는 대중 속에 무기를 널리 보급시키기 때문에 매우 보장받기 어렵다. (무기소유권 옹호자들의 압력단체인 미총기협회(NRA)의 존재나 7천만 명에 이르는 총기 소지자들과 한 해 평균 3만 명에 이르는 총기에 의한 사망자의 수는 모두 사적 폭력을 제도적으로 용인한다는 증거들인데, 이런 것은 선진국들에서는 찾아볼 수 없는 예이다.) 정부는 갖고 있던 기업들을 팔고,

보건 · 주거 · 안전 · 교육 · 문화——책 · 영화 · 텔레비전 · 라디오——같은 **공유 재산을 상업적 재산으로, 사용자들을 고객으로 전환시킴으로써,** '공공 사업'을 사기업체에 하청 줌으로써, (과도하게 증가하는 경향이 있는) 불평등을 후퇴시킬 수 있는 능력을 포기함으로써, 그리고 (신은 스스로 돕는 자를 돕는다는 칼뱅주의적 믿음을 물려받은) **셀프 헬프(자기 구제)**의 낡은 자유주의적 전통과 보수주의가 찬양하는 개인의 책임——이것은 이를테면 실업이나 경제적 실패의 책임을 사회 질서가 아닌 개인들 자신에게로 먼저 돌리도록 유도하고, **임플로이어빌리티(고용성)**라는 애매한 개념을 통해 프란츠 슐타이스가 지적한 것처럼 모든 개별적 주체에게 인간 자본으로 취급받는 자기 자신에 대한 이른바 청부인이 되어 스스로 시장에 나갈 것을 요구한다. 그리고 이것은 일종의 유죄성에 의해, 시장에 의해 쫓겨난 사람들의 가난을 가중시키는 결과를 가져온다——을 내걸고 사회적 기능들, 이 모든 것을 하위 당국에 양도함으로써 경제와 관련된 모든 직무를 사임했다. '미국적 민주주의'는 그에 대한 열렬한 찬양이 내세우는 것과는 반대로 극도로 높은 기권율, 정당들의 출자, 미디어와 돈에의 종속, **로비** 활동에 부여된 과도한 역할 같은 심각한 역기능으로 가득 차 있다.

두번째로, 미국 사회는 막스 베버가 벤저민 프랭클린에게서 모범적인 구현을 발견한 '자본주의 정신'의 개발과 보급, 그리고 '의무(Beruf, calling)'로 바뀐 자본의 증식에 대한 찬양을 극단적인 한계까지 밀고 나간 것 같다. 타산적인 사고 방식은 모든 생활과 모든 실천 분야에 예외 없이 침투하고, 기관들(이를테면 우리가

'아카데믹 마켓 플레이스'라고 부른 것)과 일상적인 교환들 안에 흔적을 남긴다.

세번째로, 모든 신자유주의적 경제 사상의 토대인 개인과 '개인주의'에 대한 숭배는 교의(敎義)의 버팀목들 가운데 하나로서, 도로시 로스는 미국의 사회과학들이 그 위에서 건설되었다고 했다.[6] 경제학은 하나의 행동철학, 방법론적 개인주의를 기반으로 한다. 그런데 그것은 의식적으로 정한 개인주의적이고 이기주의적인 목표를 겨냥하는, 의식적으로 계산된 고립된 주체들의 행동들만을 인정하고 싶어하고 또 인정할 수 있다. 정당, 노조나 협회, 또는 집단 의식과 의지를 완성하고 부과할 책임, 그리고 연대감의 강화를 촉진하는 데 기여할 책임이 있는 국가와 같은 대표 기관들이 조직하는 것과 같은 집단 행동들로 말하면, 경제학은 그것을 설명하기 어려울 뿐만 아니라(프리 라이더, 즉 무임 승차자의 문제와 함께) 그것들을 단순히 **고립된 개인적 행동들의 집합**으로 축소시키려는 경향이 있다. (새로운 형태의 사회 조직들을 만들어 내는 원칙의 작성 방식과 갈등 해결 방식을 인정하지 않았기 때문에.) 그러면서도 경제학은 사실 개인 행동의 총체로 축소된 정치를 배제한다. 투표처럼 투표 용지 기입소에서 몰래 고립된 상태에서 이루어지는 개인 행동은 슈퍼마켓 안에서의 고독한 구매 행동과 똑같다. 경제를, 그리고 경제와 정치간의 관계를 함축하는 사상은 시장의 유동적이고 능률적인 메커니즘에 의해 지배받는 경

---

6) 도로시 로스의 《미국 사회학의 기원》(하버드대학출판사, 1998년)을 참조하라.

제와, 전통의 예측 불능한 전횡이 판을 치는 사회 문제 사이에 뛰어넘을 수 없는 경계를 설치하도록 유도하는 정치적 시각이라 할 수 있다.

네번째로, 미국식 통설의 또 다른 적절한 교조인 도로시 로스에 따르면 미국 사회 질서의 활력과 유연성에 대한 찬양(유럽 사회에 부여된 위험에 대한 공포와 경직성과는 반대되는)은 효율성과 생산성을 높은 **유연성**(튼튼한 사회 보장에 얽매인 구속과 대조되는)과 결합시키고, 심지어 **사회의 불안**을 더 효과적이고 생산적인 경제 요인들을 생산할 수 있는 **집단적 조직의 긍정적 원칙으로 만들도록** 유도한다.[7] 불안의 제도화(특히 새로운 유형의 노동 계약과 함께)를 기반으로 하고 회사와 노동의 특별한 요구들(노동 기간과 시간, 특혜, 수당에 대한 예상, 평가의 유형, 퇴직 등)과 일치하기 위해 점점 더 특수화되는 노동의 관계들은 유급 노동의 반 사회화, 노동자들의 조직적 분열을 초래하고 있다.

다섯번째이자 마지막으로, 개인주의화와 **셀프 헬프**를 찬양하면서 불안으로 무장하는 사회는 (게리 베커 같은 일부 경제학자들이 특히 De Gustibus non est disputandum, 즉 '취미는 토론하는 것이 아니다'라는 제목의 평론에서 공공연하게 표현한) **신진화론적 시각**을 구현한 것이다. 이것은 사회 운동의 역사가 사회 구조와 유럽 사회라는 인식력 있는 구조 안에 새긴 **연대적 시각**과는 모든 점

---

7) 반면 우리는 강력한 사회적 보장을 강력한 유연성과 결합시킴으로써 강력한 생산성을 얻을 수 있다. 덴마크의 경우처럼 각기 다른 전통을 지닌 사회들 안에 잠겨 있는 경제 제도들이 그런 경우이다.

에서 상반되는 것이다.

이 모델이 어떻게 보편화될 수 있는지를 알려면 금융 시장, 거대 다국적 기업들(특히 은행들), 국제 기구들(세계은행 · IMF · OMC), 그리고 공산주의와 동일시되는 소련이 붕괴했다는 사실에서 발견되는 독점주의적 상황에 의해 부과되는 경제적인 압력과 구속의 힘을 내세우는 것만으로는 충분치 않다. **씽크 탱크(두뇌 집단)**, '전문가들,' 특히 언론의 장의 구조 안에 새겨진 구속이라는 중개물에 의해 지배적인 경제적 · 정치적 세력에게 복종하는 기자들이 생산할 수 있는 글자 그대로 상징적인 효과를 고려해야 한다. 이런 주체들과 이런 기구들은 정신의 게으름과 수동성, 과학만능주의, (역설적인) 속물근성, 또는 그저 단순히 보수주의 같은 다양한 동기들에 의거하는 새로운 범주의 사고를 주입시킨다.

1999년 10월, 로쾀

참여 지식을 위하여*

　시간이 많지 않기 때문에, 그리고 나의 강연이 가능한 한 효과적이기를 바라기 때문에 내가 여러분 앞에서 제기하고자 하는 질문으로 곧장 가겠다. 지식인들, 더 정확히 말해 학자들, 더 정확히 말해 사회학 전문가들은 정치 세계에 개입할 수 있을까, 개입해야 할까, 그리고 어떤 조건에서 효과적으로 개입할 수 있을까? 국내의, 그리고 특히 국제적 규모의, 다시 말해 오늘날 개인들과 사회들의 운명이 결정되는 차원 자체의 사회 운동 안에서 그들은 어떤 역할을 할 수 있을까? 그들은 새로운 정치 방식의 모색에 기여할 수 있을까?

　첫번째 요점. 모든 오해를 피하기 위해 정치 세계에 개입하는 학자·예술가 또는 작가가 그렇다고 정치가가 될 수는 없다는 것을 분명히 짚고 넘어가야 한다. 왜냐하면 드레퓌스 사건 때 졸라에 의해 만들어진 모델에 따라 그는 지식인, 또는 미국에서 말하는 것처럼 **'퍼블릭 인털렉추얼'**이 된다. 이는 어떤 정치적 투쟁에 자신의 특정 능력과 권위, 그리고 진실 혹은 불편부당의 가치와

　＊〈A scholarship with commitment, 참여 지식을 위하여〉, '학문과 참여'에 관한 미근대언어학회(MLA)의 협약, 시카고, 1999년 12월.

같은 그의 직업의 행사와 관련된 가치들을 투입하는 사람, 혹은 달리 표현하면 정치의 현장으로 가기는 하지만 학자로서의 요구와 능력을 포기하지는 않는 사람을 말한다. (말이 나온 김에 하는 소리지만 앵글로색슨의 전통에서 흔히 보이는 **스칼러십(학문)**과 커미트먼트(참여) 간의 대립은 아마도 근거가 없을 것이다. 왜냐하면 예술가들·작가들 또는 학자들──아인슈타인·러셀 혹은 사하로프──이 공적 공간에 개입하는 것은 객관성·청렴·공평에 바쳐진 (committed) '공동체' 안에서 그들의 원칙과 토대를 발견하기 때문이다. 그리고 **스칼러(학자)**의 사회적 권위는 그의 기술적 능력에서 나오는 것이지만, 또한 비성문법인 도덕률에 대한 존중에서 나오는 것이기도 하다.)

그는 이런 식으로 개입함으로써 그 자신의 세계 안에서는 **커미트먼트(참여)**에서 '가치론의 중립성'이 결여됐다고 판단하는 사람들, 그리고 정치 세계 안에서는 그에게서 그들의 전유물에 대한 위협을 보는 사람들, 그리고 더 일반적으로는 그의 개입으로 인해 방해를 받은 그 모든 사람들을 실망시키거나(이 단어로 표현하기에는 너무 미약하다), 또는 그보다 더 나은 표현으로, 화나게 하는 사태에 직면한다. 한마디로 그는 여기저기서, 사방에서, 이 세계의 강자들──은행가들·사주들·고위 관리들──기자들, 정치인들('좌파'를 포함하여), 오늘날 거의 모든 사람들, 문화 자본을 소유한 사람들, 그리고 물론 지식인들 자신 안에 잠들어 있는 모든 형태의 반-주지주의(主知主義)를 깨우는 사태에 직면하게 되는 것이다.

하지만 거의 항상 유감을 원칙으로 삼는 반-주지주의를 비난한다고 해서 반드시 지식인에게 일체의 비난을 면제하는 것은 아니다. 왜냐하면 지식인 자신이 복종할 수 있고 또 해야 하는 비판, 혹은 달리 말하면 비판의 반사법칙성은 지식인들의 모든 정치적 행동의 절대적인 전제 조건이기 때문이다. 지식인의 세계는 언제나 지적 권위의 이름으로 저질러지는 모든 권력 또는 권한의 남용에 대한 비판, 혹은 이런 표현을 더 좋아한다면 지적 권위를 정치적 무기로 사용하는 데 대한 비판에 몰두해야 한다. 왜냐하면 그것은 **학문적 편견**(scholastic bias)에 대한 비판에도 복종해야 하기 때문이다. 그것의 가장 비뚤어진, 그리고 특히 지금 우리와 관계되는 형태는 목적도 없고 결과도 없는 혁명지상주의적 경향이다. 사실 나는 내 세대의 많은 지식인들을 당의 명령에 맹목적으로 자신을 맡기게 만든 너그러우면서 비현실적인 충동이 내가 **캠퍼스 래디컬리즘(대학의 급진주의)**이라고 부르는 것, 즉 마르크스의 냉혹한 표현에 따르면 논리학의 현실과 현실의 논리학을 혼동하는 경향이고, 지금의 현실과 더 근접해서는 단어들 또는 텍스트들의 질서 안에서의 혁명을 현실의 질서 안에서의 혁명으로 간주하는 경향을 오늘날에도 여전히 지나치게 자주 고취한다고 생각한다.

표면적으로는 부정적으로 보이는 비판의 이런 전제 조건들을 분명히 제기했으니, 이제 나는 지식인들(이 말을 통해 항상 나는 정치적 행동에 뛰어든 예술가·작가·학자들을 지적하고자 한다)이 지배라는 것이 전혀 새로운 형식을 취하고 있는 오늘날에 특히, 사회적 투쟁에 없어서는 안 될 존재들이라는 것을 주장할 수 있다고 생각한다. 수많은 역사적 연구들이 오늘날 세계를 지배하는 신자유주의 이데올로기의 생산과 부과에서 **씽크 탱크들**이 행한 역할을 입증했다. 이 보수적인 **씽크 탱크들**, 다시 말해 권력자들로부터 봉급을 받는 전문가들 집단의 생산에 대해 우리는 스스로 자신의 생각과 행동의 대상과 목표를 정의할 수 있는, 요컨대 자립적인 진정한 **지식인 집단** 안에 '특정 지식인들'(푸코의 의미에서)을 결집함으로써 비판적 망의 산물을 반론으로 제시해야 한다. 이 지식인 집단은 우선 오늘날 흔히 학문적 권위로 무장하고 있는 상징적 지배에 맞서 방어 도구를 생산 보급하려고 노력함으로써 부정적·비판적 기능들을 충족시킬 수 있고, 또 그래야 한다. 결집된 집단의 권한과 권위에서 힘을 얻는 이 집단은 지배에 관한 담론을 특히 용어('세계화' '유연성' 등)를 공격하는 논리적 비판에 맡길 수도 있지만 또한 논증술, 그리고 특히 은유의 사용에 맡길 수도 있다. 이 집단은 또 지배에 관한 담론이라는 산물과 그것의 생산자들(기자들, 특히 경제 기자들을 필두로)에게 압력을 가하는 요인들을 폭로함으로써 그것을 사회학적 비판에 맡길 수도 있다. 그리고 그것은 전자의 연장 작업이다.

하지만 이 집단은 또 정치적 창의력이라는 집단 작업에 기여함으로써 하나의 긍정적인 기능을 수행할 수도 있다. 소비에트식 체제의 붕괴, 그리고 유럽과 남아메리카 대부분 국가들에서의 공산당의 약화는 비판적 사상을 제거했다. 하지만 신자유주의의 교의가 그렇게 공석으로 남겨진 모든 자리를 채웠고, 비판은 아카데미라는 '작은 세계' 속으로 피신한 채 그곳에서 실제로 아무도, 어떤 분야도 괴롭히지 못하면서 자기 만족에 빠져 있다. 그러므로 모든 비판적 정치 사상을 다시 일으켜 세워야 한다. 그리고 그것은 다른 시대에 사람들이 믿었던 것처럼 단 한 사람, 즉 독특한 사상이라는 유일한 원천에 몰두한 사상의 대가, 또는 말없는 사람들의 추정된 발언을 전달하기 위한 집단이나 기구에 의해 권한을 부여받은 대변인의 작품이 될 수 없다.

여기서 지식인 집단은 현실주의적인 유토피아의 집단적 생산에 관한 사회 여건을 창조하는 데 기여함으로써 그 누구와도 바꿀 수 없는 역할을 수행할 수 있다. 지식인 집단은 새로운 형태의 정치적 행동, 사람들을 동원하고 동원된 사람들을 함께 일하게 만드는 새로운 방법, 계획을 작성하고 그것을 공동으로 실현하는 새로운 방식에 관한 집단 연구를 계획하거나 대대적으로 조직할 수 있다. 지식인 집단은 그들이라는 존재, 그리고 그들이 될 수 있거나 되어야 하는 존재를 표현하고 동시에 발견하기 위한 노력 안에서 작업중인 집단들의 추진력을 목격함으로써, 그리고 사회적 세계가 내포한 사회적 세계에 관한 엄청난 사회적 지식의 수집과 축적에 기여함으로써 산파 역할을 할 수 있다. 지식인 집단은 이렇게 신자유주의 정책의 희생자들이 표면적으로는 달라 보이는 사건들과 경험들, 특히 그것들을 체험하는 사람들, 한 나라 혹은 각기 다른 나라들의 의학, 교육, 사회적 서비스, 사법 등의 다양한 사회 영역에 참가하는 사람들에게는 철저히 달라 보이는 사건들과 경험들 속에서 똑같은 원인이 여러 가지로 굴절된 결과들을 발견하는 것을 도울 수 있을 것이다.

이 과업은 매우 시급한 것이지만 동시에 매우 까다롭기도 하다. 사실 그가 싸우고 저항해야 하는 사회적 세상에 대한 묘사는, 사람들이 말하는 것처럼 30년대에 독일에서 벌어진 나치 이전의 움직임이라는 진정한 **보수주의적 혁명**에서 유래한 것이다. 레이건 또는 대처, 또는 그들 다음에 온 클린턴·블레어·슈뢰더, 또는 조스팽의 정치 계획을 탄생시킨 **씽크 탱크들**은 **웰페어 스테이트** **(복지 국가)**의 전통과 관계를 끊을 수 있도록 진정한 상징적 반혁명을 실시하고 **역설적인 교의**를 생산해야만 했다. 보수적인 교의는 자신을 진보적인 것으로 소개한다. 때로는 더 시대에 뒤떨어진 것(특히 경제적 관계 분야에서)도 들어 있는 그것 안에서 과거를 복구하는 것은 후퇴·반환을 개혁 또는 혁명으로 인정받게 만든다. 이것은 **웰페어 스테이트(복지 국가)**를 파괴하는 것, 다시 말해 노동·보건·사회 보장 또는 교육의 법제 분야에서 모든 민주적 지식과 경험을 파괴하는 것을 목적으로 하는 모든 조처들 안에서 많이 발견된다. 사람들이 과거의 가장 진보적인 지식과 경험들을 옹호할 때, 그런 정책과 싸우는 것은 시대에 뒤진 사람처럼 보일 우려가 있다. 공공 서비스와 국가 정부처럼 우리가 그래도 변화시키기를 바라는 것들, 조합이 됐든 공립 학교가 됐든 아무도 이 상태대로 유지할 생각을 하지 않는, 그래서 앞으로도 계속 가장 가혹한 비판을 받게 해야 하는 것들을 옹호하게 되는 만큼 더욱더 역설적인 상황이라 할 수 있다. 그래서 오늘날 나는 그 동안 내가 보수적인 기능을 수행하는 것을 끊임없이 상기시켜 온 공립 학교를 옹호할 때 배반이 아닌가 의심받거나 모순에 빠진 것으로 비난을 받기도 한다.

　스칼러(학자)들은 새로운 교의와 '**글로벌라이제이션**' 또는 '**글로벌 컴피티티브니스(global competitiveness; 세계적 경쟁)**'와 같은 말들만 입에 담는 그 모든 사람들의 순전히 형식적인 사해동포주의를 상대로 한 투쟁에서 중요한 역할을 하는 듯하다. 이런 표면적인 보편주의는 사실 지배자들의 이익을 섬긴다. 그것은 한국이나 말레이시아처럼 소위 떠오르는 국가들이 자본의 순환에 대한 세금에 의해 자원을 충당하는 세계적 정부와 세계적 은행이 부재하는 가운데, 다국적기업들의 영향력에 반대하여 내세울 수 있는 유일한 힘인 국가의 힘을 국가주의로 나아가는 정치적으로 그릇된 후퇴라고 비난하는 데 사용된다. 그것은 이를테면 이슬람교라는 불명예스러운 명찰 아래에서 자신의 '정체성'을 확인하거나 회복하려는 이런저런 나라들의 노력을 악마주의화하고, 거기에 오명을 씌우는 것을 허락한다. **커미티드 스칼러(참여 학자)**들은 남성과 여성 간의 관계 안에서도 맹위를 떨치고, 국제 경제의 강력함 앞에서 시민들을 고립시키고 무장 해제시키는 이런 말뿐인 보편주의에 대한 반론으로 진정한 국제적 역량을 가지고 여러 가지 문제들과 맞서 싸울 수 있는 새로운 국제주의를 내세울 수 있다. 여러 가지 문제들로는 환경, 대기오염, 오존층, 고갈되는 천연자원, 또는 원자운처럼 나라들간 혹은 '계급' 간의 경계를 알 수 없기에 필연적으로 '세계적인' 문제들이 있다. 또한 떠오르는 나라들의 부채 문제 혹은 문화적 생산과 보급에 대한 돈의 영향력 문제(영화·출판 등의 생산과 보급의 집중과 함께)처럼 단호한 보편주의적 지식인들, 다시 말해 나라들간의 경계, 특히 북반구와 남반구 나라들간의 경계를 넘어서 실제로 보편에 접근하는 조건을 널리 보급하는 데 관심을 가진 지식인들을 결집시킬 수 있는, 더 순수하게 경제적인 혹은 문화적인 문제들도 있다.

그렇게 하려면 작가들, 예술가들, 그리고 특히 이미 직업상 국경을 넘어서려는 경향과 소질이 많은 학자들이 나라의 전통에 따라 다소 깊이 그들의 머릿속에도 새겨져 있는 **스칼러십(학문)과 커미트먼트(참여)** 사이의 **신성한 경계**를 초월하여 아카데미의 소우주로부터 결연히 탈출해야 한다. 그래서 스콜라적 세계의 사적인 동시에 최종적인, 그리고 항상 약간은 비현실적인 '정치적' 투쟁에 만족하지 말고 아카데미의 소우주로부터 결연히 탈출하여 바깥 세상(다시 말해 특히 노조들, 협회들, 그리고 투쟁중인 모든 집단들)과의 상호 작용 속으로 들어가야 한다. 그리고 불가능하지만 없어서는 안 될 하나의 결합을 생각해 내야 한다. 참여 지식, **스칼러십 위드 커미트먼트(참여를 동반한 학문)**, 즉 정치 세계에 개입하는 정책이 그것인데, 그것은 되도록 학문의 영역에서 효력을 발생하는 규칙을 따른다. 시급함과 혼동의 혼합이 행동 세계의 관례인 이상, 이것은 국제적인 연구자 · 예술가 · 학자 집단의 공동 작업을 대대적으로 조직할 수 있는 기구를 위해서만 그리고 그런 기구에 의해서만, 실제로 그리고 전적으로 가능하다. 이런 집단적 계획에서 지배 세력들이 끊임없이 학문, 특히 경제학의 권위를 내세울 때 대단히 중요한 역할을 맡게 되는 것은 아마 학자들일 것이다. 하지만 작가들, 특히 아마 예술가들(그리고 그들 중에서도 아주 특별히 내 미국 친구 두 명의 이름만 대자면, 이미 비판적 투쟁들에 그들의 재능을 투입한 한스 하아크와 낸시 프레이저가 있다)도 그들 나름대로 중요한 자리를 차지한다. "진정한 사상의 내재적 힘은 없다"고 스피노자는 말했고, 사회학자가 그의 생각이 틀렸다고 말할 수는 없다. 하지만 그는 작가들과 예술가들이 정치 작업이라는 새로운 분야, 더 정확히 말하면 새로운 것을 생각해 내는 것이 중요한 정치학을 하는 새로운 방식에서 절대 누구와도 바꿀 수 없는 중요한 역할을 할 수 있다는 것을 암시할 수는 있다. 즉 예술이라는 수단을 통해 사상과 비판적 분석에 **상징적인 힘**을 부여할 수 있고, 이를테면 신자유주의 철학에 의해 고취된 정치적 조처들의, 아직 눈에 보이지는 않지만 학문적으로는 예측할 수 있는 결과들에 **볼 수 있고 느낄 수 있는** 형태를 제공할 수 있는 것이다.

 마지막으로 나는 지난달 시애틀에서 있었던 일을 언급하고 싶다. 나는 그 일의 중요성을 과대평가하지는 않지만, 그 사건에서 하나의 국제적인 정치적 행동의 방법과 목적이 될 수 있을지 모르는 것의 원칙을 끄집어 내기 위해 분석해야 하는 최초의, 본보기적 경험을 발견할 수 있다고 생각한다. 그리고 그 행동 안에서 탐색의 경험들은 성공한 정치적 시위로, 또는 Agit Prop라는 새로운 형태의 신속한 개입 수단으로 바뀐 듯하다. 이것은 더 일반적으로 국제주의에의 완전한 헌신(커미트먼트)과 학문 정신(스칼러십)에 대한 전폭적인 찬성으로 정의되는 새로운 NGO(비정부 조직)의 정치 투쟁 전략들이 될 수 있을지 모른다.

1999년 12월, 파리−시카고

강자들의 보이지 않는 손*

우리는 지금 은행과 은행가들의 유럽, 기업과 사주들의 유럽, 경찰과 경찰관들의 유럽을 갖고 있으며 곧 군대와 군인들의 유럽을 갖게 될 것이다. 하지만 유럽노조연맹이 존재함에도 불구하고 조합과 결사들의 유럽이 정말로 존재한다고 말할 수는 없다. 마찬가지로 우리는 유럽에 관해 논하는 토론들과 학구적으로 유럽의 문제들을 논하는 아카데미 기관들의 수를 더 이상 세고 있지는 않지만, 예술가들·작가들·학자들의 유럽은 아마도 과거 다른 시대들에 존재했던 것보다 훨씬 덜 존재할 것이다. 역설적인 것은 권력과 권력자들을 둘러싸고 형성되는 이런 유럽, 너무나 유럽적이지 않은 이런 유럽을 비난할 때 반동적 국가주의(불행하게도 이것이 존재한다는 것에는 이론의 여지가 없다)의 구시대적 저항과 혼동되거나, 그러한 유럽을 진보적인 것까지는 아니더라도 현대적인 것으로 보이게 하는 데 기여할 우려가 따른다는 것이다.

유럽의 전통 안에 더 유럽적인 것, 다시 말해 유럽 건설 작업을

---

* 2000년 5월 18일 취리히에서 스위스조합동맹의 로테 파브릭이 주최한 '사회적 유럽을 위하여'란 제목의 강연에서 발표한 내용. 2000년 6월 10일 베를린 훔볼트대학교의 학생들에게도 강연하였다.

효과적인 논쟁에 복종시킬 수 있는 비판적 사회 운동, 사회 비판 운동이 존재하게 해야 한다. 여기서 효과적이라 함은 합의를 보고 실질적인 결과를 생산할 수 있을 만큼 지적·정치적으로 충분히 강한 것을 의미한다. 이 논쟁은 유럽 계획을 무효화하는 것, 무력화시키는 것이 아니라 반대로 그것을 **급진화하는 것**, 그리고 그렇게 함으로써 그것을 시민들, 그 중에서도 특히 젊은이들과 더 **가깝게** 만드는 것을 목적으로 한다. 우리는 흔히 젊은이들이 탈정치화했다고 말하지만 사실 그들은 그저 정치인들이 제공하는 정치에 질리고, 정치인들에 의한 정치에 질린 것이다. 정치에 의미를 되돌려 주어야 하며, 그러기 위해선 지난 몇 년 동안 엄청난 변화를 겪은 경제 세계와 사회 세계에 의미를 부여할 수 있는 미래의 계획들을 제안해야 한다.

우리는 30년대에 버얼과 민스가 **오너**들, 주주들을 희생으로 한 **매니저(경영자)**의 출현을 묘사한 것을 기억하고 있다. 오늘날 우리는 **오너**들이 표면적으로만 **오너**인 상태로 돌아간 것을 목격하고 있다. 왜냐하면 그들은 갤브레이스가 말한 '전문기술관리계급 조직[현대 사회에 있어서 정치적·경제적·문화적 결정에 큰 영향력을 발휘하는 조직]'의 시대에 가졌던 것보다 더 큰 힘을 갖지 못하기 때문이다. 사실 경제의 지배자들은 더 이상 이익률의 폭정에 굴복하는 **매니저**들, 다시 말해 그들이 끌어올린 '주가'에 대한 3개월마다의 시험에 따라 (대개는 어마어마한 보상금과 함께) 해고되거나 쫓겨날 수 있는 **PDG**, 또는 그들이 가져오는 사업들의 퍼센티지에 따라 단기 보수를 받고 그들의 스톡 옵션의 가치가 달린 주식 시세를 매일 들여다보는 간부들이 아니다. 마찬가지로

'주주들의 민주주의'라는 신화가 원하는 것처럼 오너들, 즉 소액주주들도 경제의 지배자들은 아니다.

실제로 오늘날 금융 자본의 장을 지배하는 것은 큰 기관들(연금기금들, 큰 보험회사들, 그리고 특히 미국의 **머니 마켓 펀드** 또는 **뮤추얼 펀드** 같은 집단 투자기금들)의 관리자들로서, 그 안에서 금융자본은 하나의 내깃돈이며 무기이다(특정 조언자들, 통화분석가들과 권위자들이 커다란 상징적 효과를 내며 동원할 수 있는 몇몇 문화자본이라는 특수한 형태들처럼). 따라서 그들은 기업들이나 정부들에게 엄청난 압력을 행사할 수 있다. 실제로 그들은 기업들에게 프레데릭 로르동이 자본으로부터 보장되는 주주의 최소소득[8]이라고 부른 것을 획득해야 하는 의무를 강요할 수 있다. 왜냐하면 그들은 기업들의 이사회에 출석하여 그들이 지배하는 체제의 논리에 의해 점점 더 높은 이윤(투자된 자본의 12,15퍼센트에서 18퍼센트까지)의 추구를 강요하지 않을 수 없기 때문이다. 그런데 그 이윤은 해고에 의해서만 도달할 수 있는 퍼센티지이다. 그들이 이런 식으로——환경, 특히 인간에 미치는 결과를 무시하고——모든 체제의 실리적 목적으로 구성되는 단기 이익의 명령을 경영자들에게 양도하면, 이번에는 경영자들이 그 위험이 봉급생활자들에게 돌아가게 만든다——특히 해고를 통해. 요컨대 게임의 지배자들이 자신들이 지배하는 게임의 법칙, 이윤의 법칙에 의해 지배되는 까닭에 이 (금융 자본의) 장은 정부와 기업들에게 자신의 법을

---

8) 프레데릭 로르동, 《연금기금, 바보를 잡는 함정인가? 주주의 민주주의라는 신기루》, 파리, 레종 다지르 출판사, 2000년.

강요하는 일종의 이유 없는 시한폭탄처럼 작용한다.

기업 내부에서 모든 선택, 특히 유연성과 유동성(단기 혹은 임시 계약상의 모집과 함께)의 명령에 따르는 모집 정책, 봉급 관계의 개인주의,[9] 특히 인력 분야에서의 장기 계획의 부재를 명령하는 것도 단기 이윤의 추구이다. 지속적인 '감원'의 위협과 함께 봉급생활자들의 일생은 불안과 불확실성의 분위기 아래 놓이게 된다. 이전의 제도가 고용의 안전과 수요를 공급하면서 성장과 이윤을 뒷받침해 주는 비교적 높은 수준의 보수를 보장한 데 반해, 새로운 생산 방식은 임금의 삭감과 해고에 의해 임금 총액을 축소시킴으로써 이윤을 극대화시키고, 주주는 오직 그의 명목상의 소득이 걸린 주식 시세, 그리고 명목상의 소득을 실질 소득과 가장 근접하게 유지해야 하는 가격의 안정성만을 염려한다. 그리하여 정치 체제와 분리할 수 없는 경제 체제, **불안한 체제**를 토대로 한 지배 방식, 허약함에 의한 지배를 함축하는 생산 방식이 확립됐다. 왜냐하면 통제를 벗어난 금융 시장은 통제를 벗어난 노동 시장, 즉 노동자에게 복종을 강요하는 불안정한 노동을 조장하기 때문이다.

기업들 내에서는 (다른 많은 도구들 가운데) 불안이라는 무기를 사용해 노동자들을 위험과 스트레스 · 긴장 상태에 빠뜨리는 합리적 경영에 문제가 있다. 서비스와 건물의 '전통적' 허약함과는 달리, 미래 기업들의 **제도화한 허약함**은 노동 조직의 원칙 및 생활

---

9) 이 점에 관해서는 피에르 부르디외의 《맞불》(파리, 레종 다지르 출판사, 1998년) 111쪽을 보라.

방식이 된다. 질 발바스트르가 증명한 것처럼 봉급을 받는 '전화 상담자'이 제품을 팔기 위해 가정으로 전화를 해야 하는 일부 통신판매 혹은 전화판매회사들은 생산성, 관리, 감독, 노동 시간, **경력의 부재**라는 관점에서 진정한 **서비스의 테일러리즘**이라 할 수 있는 제도를 실시했다. 테일러리즘의 **OS**(일반 공원)와는 대조적으로 임금노동자들은 흔히 매우 숙련된 사람들이다. 하지만 '신경제'의 전형적인 **OS**는 아마 가격 기록의 컴퓨터 처리화에 의해 진정한 연쇄 작업 노동자로 변화한 슈퍼마켓의 여자 계산원일 것이다. 그녀의 작업 리듬은 엄밀하게 배정을 받고, 스톱워치로 시간이 측정되고, 감시당하며, 그녀의 시간표는 손님들의 흐름의 변화에 따라 변화한다. 그녀의 생활이나 생활 방식은 공장의 여성 근로자의 생활이나 생활 방식과 다르지만, 새로운 구조 안에서 동등한 위치를 차지한다.

소비자 운동의 세계관을 건설하는 데 기여하고, 그들의 임금노동자들에게 아무런 안전도 제공하지 않는 이런 기업들을 통해 신고전주의 이론에 내재된 사회철학을 닮은 어떤 경제 현실이 예고된다. 마치 신고전주의 경제의 즉각적이고 개인주의적이며 초주관주의적인 철학이 신자유주의 정책 안에서 진실해질 수 있는 방법을 발견했다는 듯이, 마치 자기 자신의 확인의 조건을 창조했다는 듯이. 이 **만성적으로 불안정한 체제**는 구조적으로 **위험**에 노출될 수밖에 없다. (그리고 그것은 비단 투기의 거품과 관련된 위기가 다모클레스의 머리 위의 칼[늘 왕의 행복을 찬양하는 다모클레스를 왕이 어느 날 왕좌에 앉히고, 그 위에 말의 꼬리털 하나로 칼을 매달아 놓아 왕위가 항상 위험에 처해 있음을 깨닫게 했다는 고사에서 유래]처럼 항상 그 위에 매달려 있기 때문만은 아니다.) 말이 나온 김에 하는 소리지만, 울리히 벡과 앤소니 기든스는 위험 사회의 도래를 찬양하고 모든 임금노동자들이 역동적인 소기업주로 변신한다는 신화가 자기들 손에 달려 있다고 말하고 있지만 사실은 경제의 필요성에 의해 후자들(임금노동자들)에게 부과된 법칙들——지배자들은 면제받으려고 애쓰는——을 피지배자들의 실천 규범으로 지정하고 있을 뿐이라는 것을 확인할 수 있다.[10]

하지만 이 새로운 생산 방식의 주된 결과는 **이원적 경제**를 창설한 것이다. (그것은 역설적이게도 내가 60년대에 알제리에서 관측한 이원론의 경제와 공통점이 많다. 한쪽에는 개인적으로든 집단적으로든 경력도 미래도 계획도 없는 하위 무산계급으로 만들어진, 그렇기 때문에 혁명의 야심보다는 지복천년설이라는 몽상을 강요당하는 엄청난 산업예비군이 있고, 다른 한쪽에는 영구적인 임금을 받는 안정된 노동자들이라는 소수의 특권자들이 있는 것이 이원론의 경제다.) 지위와 소득의 이원성은 계속 증가한다. 왜냐하면 저임금의, 약한 생산성의, 숙련되지 않았거나 숙련된 정도가 낮은(작업중에 급히 받는 교육을 토대로 한), 그리고 경력을 보장하지 않는 하위 용역직들, 요컨대 앙드레 고르츠가 말한 것 같은 '하인들의 회사'의 **일회용 일자리들**이 늘어나고 있다. 장 가드레가 인용한 미국의 조사에 따르면, 가장 많이 증가하는 30개의 일자리 중에서 17

---

10) 우리는 프랑수아 에발드와 드니 케슬레의 펜 밑에서 사회적 위험과 불안에 대한 찬양의 '프랑스판'(《위험과 정치의 결혼》, 《토론》, 109호, 2000년 3-4월호, 55-72쪽)을 발견할 수 있다.

개가 아무런 자격도 요하지 않으며, 8개는 높은 자격을 요하고 있다.[11] 사회 공간의 다른 쪽 끝에서 **지배받는 지배자들**, 즉 간부들은 새로운 형태의 소외를 겪고 있다. 그들은 다른 구조 상황에서 프티부르주아(소시민)들이 차지하는 자리와 동등한 모호한 자리를 차지하고 있으며, 그것은 계획된 자기 착취의 형태들로 이끌고 있다. (미국에서는 매년 평균 노동 기간은 증가하고, 여가 시간은 상대적으로 줄어들고 있다. 다시 말해 그들은 돈은 많이 벌지만 그것을 쓸 시간이 없는 것이다.) 그들은 혹사당하고, 스트레스와 해고의 위협을 받으면서도 회사에 속박되어 있는 것이다.

'신경제'의 예언자들이 뭐라고 말하건, 이 이원론은 **정보과학의 사회적 사용**에서 가장 확연히 드러난다. '신경제'와 실리콘 밸리의 비전을 노래하는 서사시인들은 오늘날 목격할 수 있는 경제적·사회적 변화들을 기술의 필연적인 결과로 간주하려는 경향이 있는데, 사실 그것들은 경제적·사회적으로 조건지어지는 사회적 사용들의 결과일 뿐이다. 실제로 전례 없는 새로움에 대한 환상과는 달리, 사회 질서 안에 새겨진——새로운 **기술적·금융적** 도구들에 대한 진정한 지배의 조건인 문화 자본, 사회 자본의 전달 논리로서——구조적 구속들은 계속 현재에 영향력을 행사하고 전대미문의 사건들과 터무니없는 것들을 만들어 내고 있다.

정보과학의 사용과 사용자들에 관한 통계적 분석은 '상호 작용을 하는 사람들'과 '상호 작용의 영향을 받는 사람들' 간의 단절이 상당히 크며, 그 단절의 원인이 문화 자본의 불균등한 분배, 따

---

11) 장 가드레, 《신경제, 새로운 신화?》, 파리, 플라마리옹, 2000년, 90쪽.

라서 최종적으로는 사회 체제와 자본의 가정으로의 전달에 있다는 것을 보여 주고 있다.[12] 정보과학의 양식적 사용자는 고학력·고소득에, 도시에 살고 영어를 할 줄 아는 35세 이하의 남자이다. 그리고 스스로 자신의 프로그램을 만들 수 있는 컴퓨터의 명수들과 정보과학의 새로운 연속 작업 라인 노동자들, 즉 공급자들의 핫 라인을 하루 24시간 통화 가능 상태로 유지하기 위해 3교대제로 일하는 전화교환수들, 또는 연보를 공급하는 웹의 서퍼들, 베끼고 붙이는 작업을 하며 원자화되고 고립되고 일체의 표현을 빼앗긴 채 인사교체율에 열중하는 통합관리자들(직원 대표들) 사이에는 거의 아무런 공통점이 없다. 마찬가지로 경제적·금융적 사용 분야에서 인터넷에 접속해 있고, 자택에서 장사를 하고 은행 업무를 볼 수 있게 해주는 단말기나 소프트웨어를 소유한 사람들은 이 망과 떨어져 있는 사람들과 대립하고 있다. 그리고 인터넷이 남반구와 북반구의 관계를 변화시켰다는 신화는 다음과 같은 사실들에 의해 대번에 부인되고 있다. 즉 1997년, 세계 인구 가운데 가장 잘사는 20퍼센트가 인터넷 사용자의 93.3퍼센트를 차지했고, 가장 가난한 20퍼센트는 0.2퍼센트밖에 차지하지 않았다는 것이다. 나라의 차원에서든 개인의 차원에서든 비물질적인 것이, 은행과 회사는 언급하지 않더라도 교육 제도와 연구소 같은 너무나 현실적인 구조들에 기대고 있다.

가장 잘사는 사회들 안에서 이런 이원론은 대개 문화 자본의 불

---

12) 이것은 특히 미셸 골락의 연구, 그 중에서도 특히 《사회과학에서의 연구 행위》(직장에서의 정보과학) 134호, 2000년 9월호에 근거한 것이다.

균등한 분배 위에 세워져 있으며, 그 문화 자본은 지속적으로 노동의 분화를 결정할 뿐만 아니라 사회적 이원론의 상당히 강력한 도구를 구성한다. 지배 계층이 특별히 거만할 수 있는 것은 물론 학교 때문이기도 하겠지만 학교와 상관없이 막대한 문화 자본의 소유자로서, 지금 그대로의 존재 방식을 완벽하게 정당한 것으로 느낀다는 사실에서 올 것이다. (의기양양한 새로운 유산자의 모범은 빌 게이츠가 될 수 있을 것이다.) 학위는 학문적 귀족의 자격일 뿐만 아니라 **타고난 지성**과 재능의 보증으로 인식된다. 이렇듯 '신경제'는 최고의 세상(헉슬리의 의미에서)처럼 보이기 위한 모든 특성을 갖고 있다. 즉 그것은 세계적이다——그리고 그것을 지배하는 자들은 국제인들이며, 몇 개 국어에 능통한 다문화인들이다. (지역인들, '국가인들' 또는 '지방인들'과 대조된다.) 그리고 그것은 **'비물질적'**이고, 비물질적인 물건들, 즉 정보, 문화 산물들을 생산하고 유통시킨다. 따라서 그것은 '지적인' 사람들에게 유보된 '지적인 경제'처럼 보일 수 있다. (이것이 '현실을 아는' 기자들과 간부들의 공감을 사는 부분이다.) 사회적 이원론은 여기서 **지적인 민족주의**라는 형태를 취한다. 이제 가난한 사람들은 19세기 사람들처럼 가난하지 않다. 왜냐하면 그들은 앞날을 생각하지 않고, 돈 쓰기를 좋아하고, 무절제하고 기타 등등하기 때문에 가난한 것이 아니라(**디저빙 푸어**〔원조를 받을 만한 빈자〕와는 대조적으로) 어리석고 지적으로 무능하고 바보 같기 때문에 가난한 것이다. 요컨대 '그들은' 교육적으로 '가질 자격이 있는 것만을 가졌을 뿐'이다. 게리 베커 같은 일부 경제학자들은 경제 이론에 의해 가정되는 합리성을 가지고 최고들의 자연 도태의 산물로 만드는 신진화론 안에서 '더 베스트 앤드 더 브라이티스트'의 통치의 피할 수 없는 정당화를 발견하고 있다. 그리고 경제학이 (사회적 도태의 주요 도구들 중 하나가 된) 수학에게 기존 질서 중에서도 가장 명백한 **학식 지배의** 정당화를 요구할 때 그것은 확고해진다. 마찬가지로 (학교 제도에 의해 교대된) 합리성만큼이나 보편적인 지배와 정당화의 원칙을 내세우는, 역시 강력한 지배 방식의 피해자들은 그들 자신의 이미지에 아주 심한 타격을 받았다. 그리고 이것은 아마 지성과 현대성에 대한 접근으로부터 제외됐다고 느끼면서 국민과 국가주의의 대피소로 쫓겨난 사람들의 파시즘적 금욕주의적(fascistoïdes) 저항의 몇몇 형태들과 신자유주의 정책들 사이에 대개는 눈에 띄지 않거나 이해되지 못하는 관계가 수립될 수 있다는 관점에서 그러할 것이다.

(사실 신자유주의의 비전이 효과적으로 투쟁하기 어려운 것은 보수적인 자신을 진보적인 것으로 소개하기 때문이고, 보수주의, 나아가 의고주의의 편에서 모든 비난, 특히 과거 사회적 정복들의 파괴를 공격하는 비난들을 물리칠 수 있기 때문이다. 사회민주주의를 내세우는 정부들은 이처럼 그들이 사회주의적 강령을 포기한 것에 대해 그들을 비난하는 사람들의 비난과, 그들이 그들의 사회주의라고 믿는 것을 비난하는 이러한 포기의 희생자들의 비난을 같은 주머니에 넣고——'적갈색' 아말감과 함께——동일시할 수 있다.)

신자유주의는 사회적 국가, 국가의 좌익(그것이 문화적·경제적으로 박탈당한 피지배자들, 여성들, 낙인이 찍힌 민족들의 이익의 보증자라는 것을 증명하기는 쉽다)을 파괴하는 것을 목적으로 한다. 그것의 가장 본보기적인 경우가 보건으로서, 신자유주의 정책은 환자와 질병의 수의 증가에 기여함으로써(가난——구조적 원인——과 질병, 알코올 중독, 마약, 범죄, 노동 사고 등간의 상관 관계를 통해), 그리고 의학적 자원, 치료 재원들을 축소시킴으로써 양 끝을 공격하고 있다. (지난 10년 동안 평균 수명이 10년이나 낮아진 러시아와 영국의 예가 그렇다.)

프랑스를 비롯하여 유럽의 몇몇 나라들에서 우리는 **신자유주의로의 집단적 개종을 동반하는** 새로운 형태의 다기능적 사회 노동의 출현을 목격할 수 있다. 한편으로는 지난 시대의 (실업자 구제를 위한) 취로사업장처럼 흔히 너그럽고 행동적인, 낮게 평가된 학위의 소지자들을 고용하여 그들과 대등한 위치를 차지하는 사람들의 들러리를 서게 하고, 다른 한편으로는 학교의 혜택을 받지 못한 사람들에게 허구적 노동을 제안함으로써, 그리고 그들을 임금 없는 임금노동자, 기업 없는 기업주, 학위나 자격증의 희망이 없는 연장된 대학생들을 만듦으로써 그들을 잠재우고 배치시키는 것이다. 일종의 집단적 자기 기만을 조장하는(특히 노동과 비노동, 학업과 노동 사이의 경계를 흐리게 함으로써) 이 모든 형태의 사회적 배치, 그리고 '계획'이란 개념을 상징으로 하는 모조된 세계 안에서의 믿음은 '창조적인' 사회철학과 **소프트**한 사회학을 기반으로 한다. 이때 소프트한 사회학이란 스스로 관대하고자 하고, 자신이 실행하기를 원하는 '주체들'의 관점을 취함으로써('행동사회학') 사회 노동에 대해 남들도 속이고 자신도 속이는 관점을 부담하려 하는 사회학을 말한다. (이런 관점에서 구조들과 그것들의 결과를 인정하기 때문에 결정론적이고 비관적으로 보일 수밖에 없는 어떤 엄격한 사회학과는 반대된다.)

상징적 권력이 너무나 큰 자리를 차지하는, 그처럼 복잡하고 교묘한 지배 방식 앞에서는 새로운 형태의 투쟁을 생각해 내야 한다. 이런 장치 안에서 '사상들'이 차지하는 특별한 자리에 비추어 생각할 때 학자들이 해야 할 훌륭한 역할이 있다. 이를 위해 그들은 정치적 행동에 새로운 목표——지배적인 믿음의 파괴——와 새로운 도구들——학문적 작업들에 대한 지배와 연구를 토대로 하는 기술적 무기들——그리고 연구의 지식에 민감하게 반응하는 형태를 부여함으로써 공통된 믿음을 동요시키기에 적합한 상징적 무기를 제공하는 일에 기여해야 한다.

우리가 만들어 내야 하는 유럽의 사회 운동은 하나의 이상을 목표로 한다. 그것은 지금은 매우 다양하고 매우 분산돼 있는 모든 비판적 사회 세력들이 하나의 비판적 운동이 될 수 있을 정도로 충분히 통합되고 조직되는 유럽이다. 그런 결집으로 가는 과정에 장애물들——언어적·경제적·기술적——이 많은 만큼 그것 자체에는 공상적인 점도 있다. 우리가 정한 목표를 모두 정하거나 일부만을 정하는 운동들의 중첩성과 다양성은, 사실 결투장에 뛰어든 개인들과 단체들이 경쟁 효과를 극복하는 것을 도움으로써 합병시키거나 독점하지 않고도 그들을 통일하고 통합하는 것을 목표로 하는 집단적 시도의 첫째 가는 중요한 정당화이다. 사실 (사람들에 의한 제안들의 도구화든 그 반대의 것이든, 아무튼 모든 종류의 도구주의를 피하면서) **학자들과 행동가들에 의해 공동으로 만들어진 일련의 일관성 있는 대안들**을 제안하는 것이 무엇보다 중요하다. 그리고 그 제안들은 국가적 전통들간의 분열, 각 나라 안에서 직업의 범주들과 사회적 범주들(특히 노동자와 실업자), 성별, 세대, 민족적 출신(이민과 국민) 간의 나뉨을 초월함으로써 사회 운동을 통합할 수 있는 것이어야 한다. 오직 거대한 집단 작업에 의해서만 다양한 차원에서의 (국제적·국가적·지역적) 연구·토론·동원 구조들이 모색될 수 있고, 또 그 구조들은 차차 현실과 의식 속에 새로운 정치 참여 방식을 새겨 놓을 수 있으며, 그것은 권좌에 오른 사회민주주의의 탈정치적 정치 행동의 공백을 메우려는 의지에서 나오는 모든 사회 운동들에 대한 이론적·실천적 비판 행위를 조정하기 위해서도 필요하다.

2000년 5월, 취리히 – 2000년 6월, 베를린

탈정치화 정책에 반하여

우리가 '세계화(mondialisation)'라는 서술적이면서 규범적인 이름으로 묘사하는 이 모든 것은 어떤 경제적 숙명의 결과가 아니라 의식적이고 확고한, 그러나 그것의 결과는 대개 의식하지 못하는 어떤 정책의 결과이다. **탈정치화 정책**이기에 너무나 역설적인, 그리고 파렴치하게도 자유에 관한 어휘들 안에서 자유주의·자유화·규제 완화란 말을 차용한 이 정책은 경제적 결정론을 모든 감시로부터 **해방시킴**으로써 그것에 절대적인 영향력을 부여하고, 이렇게 '해방된' 경제적·사회적 세력들에 대한 정부와 국민들의 복종을 획득하는 것을 목표로 삼는다. **OMC**나 유럽위원회(Commission européenne) 같은 거대한 국제 기구들의 집합 안에서, 혹은 모든 다국적기업들의 '망' 속에서 만들어진 이 정책은 가장 다양한 경로, 특히 법적인 경로를 통해 경제적으로 앞선 일련의 나라들의 자유주의 정부들, 또는 심지어 사회민주주의 정부들에게 부과되어 경제 세력들을 통제할 수 있는 권한을 점차 박탈당하도록 만들고 있다.

이런 탈정치화 정책에 맞서 정치——즉 정치적 생각과 행동——를 복원하고, 이 행동에서 그것의 올바른 적용 지점(이제부터 그것은 국가의 경계 너머에 존재한다)과 그것의 특별한 방법(그것은 더 이상 국가들 내부의 정치적·노조적 투쟁들로만 귀착될 수 없다)을 발견해야 한다. 이 일은 너무나 어려운데(그것을 숨겨서는 안 된다), 거기에는 여러 가지 이유가 있다. 우선 싸워야 하는 정치적 기관들이 지리적 관점에서뿐만 아니라 여러 가지 면에서 너무나 멀리 떨어져 있고, 방법면에서나 주체면에서나 전통적 투쟁들이 맞서 싸운 기구들과 거의 아무것도 흡사하지 않기 때문이다. 그 다음 오늘날 경제 세계와 사회 세계를 지배하는 주체들과 메커니즘은 모든 종류의 자본, 경제적·정치적·군사적·문화적·과학적·기술적 자본의 극도의 집중을 바탕으로 하기 때문이다. 이것은 전례 없는 상징적 지배의 토대로서 특히 대개는 그들이 모르는 사이에 거대 국제 통신사에 의해, 그리고 그들을 대립시키는 경쟁 논리에 의해 그 자신도 조작되는 미디어의 영향력을 통해 발휘된다.

아무튼 적어도 유럽의 기업들과 기구들이 세계적인 차원의 지배 세력들을 결정짓는 하나의 요인을 구성함에 따라, 유럽 차원에서도 효과적인 정치적 행동의 몇몇 목표들이 존재한다는 데에는 변함이 없다. 그 결과 국내 차원에서나 국제 차원에서나 현재로서는 분열돼 있는 각기 다른 운동들을 한데 모을 수 있는 통합 유럽의 사회 운동을 건설하는 것이 지배 세력들에게 효과적으로 저항하고자 하는 이 모든 사람들에게 타당한 목표로서 부과되고 있다.[13]

---

13) 유럽 차원의 사회 운동을 어디에 위치시킬 것인가 하는 선택의 문제는 나중에 다시 다루겠다.(68-72쪽)

열린 조정

태생 · 목표 · 계획면에서 너무나 다양한 사회 운동들은 그것들에게 어떤 가족적인 분위기를 부여하는 일련의 **공통점들**을 갖고 있다. 첫째, 사회 운동들은 주로 전통적 정치 동원 형태, 특히 소비에트식 정당 전통을 반복하는 동원 형태에 대한 거부에서 나온 것이기 때문에 모든 종류의 소수에 의한 독점을 가장 배척하고, 모든 당사자들의 직접적인 참여를 조장하는 경향이 있다. (이것은 부분적으로는 전통적인 책임자들보다 월등히 나은 정치적 소양을 갖추고, 새로운 유형의 사회적 기대를 바라고 표현할 수 있는 새로운 유형의 지도자들의 출현 덕이다.) 이런 점에서 절대자유주의 전통을 닮은 사회 운동들은 도구의 가벼움을 특징으로 하고, 추진자들이 적극적인 주체로서의 역할——특히 정치적 개입의 독점을 인정하지 않는 정당들에게 항의하는——을 다시 맡도록 허락하는 자기 관리적 착상의 조직 형태와 결부돼 있다. 두번째 공통점은 사회 운동들은 상징적 내용을 많이 담은, 목표와 수단면에서 독창적인 행동 형태를 발명하거나 재발명한다는 것이다. 그것들은 주거 · 고용 · 보건 · 무적자(無籍者) 같은, 분명하고 구체적이고 사회생활에 중요한 목표들 쪽으로 나아가고 그것들에 대해 직접적이고 현실적인 해결책을 제시하려고 노력한다. 그리고 그것들은 관련 문제와 직접적으로 결부되고, 투사들과 책임자들의 적극적인 개인적 참여를 요구하는 본보기적 행동들 안에서 그들의 제안이나 거부가 구체화되도록 주의한다. 그런데 그들은 대개 사건을 만들고 미디어의 시선을, 그리고 미디어 세계의 작동에 대한 해박한 지식 덕에 간접적으로 정치적 시선까지 집중시키기에 적합한 목적을 극적으로 묘사하는 기술에 정통하다. 그렇다고 이 운동들이 철저히 미디어에 기댄 극소수에 의해 만들어진 단순한 가공품이라는 것은 아니다. 실제로 미디어의 현실주의적인 사용은 '전통적' 운동들——정당, 조합——의 주변에서, 때로는 그 자신도 이 운동에서 주변적이고 소수파적인 위치밖에 차지하지 못하는 파벌의 협조와 지지에 힘입어 오랫동안 운영돼 오면서 다양한 상황 안에서 좀더 눈에 잘 띌 수 있는 기회를 발견한 전투적인 작업과 결합됐다. 그리고 그것은 적어도 국부적으로는 운동들의 사회적 기반을 확장했다. 가장 주목할 만한 사실은 이 새로운 운동들이 부분적으로는 그것들의 모범성이라는 유일한 미덕에 의해, 부분적으로는 주거를 위한 투쟁의 경우에서처럼 경계들을 넘어선 동시적 발명들이 있었기 때문에 즉시 국제적인 형태를 갖추었다는 것이다. (그래도 새로운 형태의 투쟁들의 특수성이 때로는 마지못해 미디어에 의해 주어진 공개성에 의해 유지된다는 사실에 있다는 것은 변함이 없다. 그리고 이제부터는 시위나 행동——그것이 어떤 것이든 상관없이, 때로는 신문에 실린 하나의 글이 될 수도 있다——에 의해 야기된 미디어적·정치적 반향이 많은 시위운동자들보다 더 중요하다는 것에도 변함이 없다. 하지만 미디어의 시계는 당연히 부분적이고, 흔히 편파적이고, 특히 순간적이다. 대변인들이 인터뷰를 하고 몇 개의 비장한 르포를 내보내지만, 특히 미디어의 이해와 전달에는 한계가 있기 때문에 운동의 요구들이 공개 토론에서 진지하게 거론되는 경우는 거의 없다. **지속적인 기간 동안, 그리고 미디어가 제**

공하는 기회와 상관없이 전투적인 작업과 이론 작성 노력을 주도하는 것이 중요한 것도 그 때문이다.) 세번째 전형적인 특징은, 사회 운동들은 거대 기관 투자가들과 다국적 투자가들의 의사를 강요하는 것을 목표로 삼는 신자유주의 정책을 거부한다는 것이다. 네번째 특징은, 사회 운동들은 각기 다른 정도로 국제적이고 국제주의적이라는 것이다. (이것은 특히 실업자들의 운동 또는 농민연맹과 조제 보베에 의해 선동된 운동의 경우에 눈에 띄는 현상으로, 그에게는 프랑스의 (영세) 농민들을 옹호하려는 정서·의지와 라틴아메리카 등의 토지 없는 농부들을 옹호하려는 정서·의지가 동시에 존재한다. 이 모든 운동들은 특정 지역적인 동시에 국제적이다. 다시 말해 이것들은 고립된 섬으로서의 유럽을 옹호하는 것이 아니라 유럽을 통해 다른 나라들, 이를테면 초대륙적인 연대 의식을 기대하는 사람들이 많이 있는 한국 같은 나라들과의 연계 속에 이루어져야 하는 경제에 대한 어떤 형태의 사회적 관리를 옹호한다.) 독특하고 공통적인 마지막 특성은, 사회 운동들은 그들의 투쟁들 대부분의 암묵적 원칙인 연대 의식을 찬양하고, 그들의 행동에 의해(모든 '없는 자들'에 대한 책임 인수와 함께), 그리고 그들이 갖추는 조직 형태에 의해 그것을 실행하려고 노력한다는 것이다.

정치 투쟁의 목적과 수단상에서의 이러한 근접성에 대한 확인은 집중과 중복에 충격을 받은 투사들, 특히 가장 젊은 투사들이 흔히 요구하는 모든 분산된 운동들의 통합(아마 가능하지도 바람직하지도 않을)은 아니더라도, 적어도 **일체의 점유 의지를 배제하는 요구와 행동의 조정**을 모색할 것을 강요한다. 그리고 이런 조정은 아무도 다른 사람들을 지배하거나 축소시킬 수 없고, 경험·관점·계획들의 다양성과 관련된 모든 수단이 보존되는 조건 안에서 개인과 집단을 결합시킬 수 있는 하나의 망의 형태를 취해야 할 것이다. 그것의 주된 기능은 사회 운동을 분열되고 분산된 행동들과 지역적·부분적이고 국한된 행동들의 특정주의로부터 떼어 놓고, 그것들이 특히 강도 높은 동원의 시기들간의, 그리고 잠재하거나 약화된 상태로 존재하는 시기들간의 단절 또는 교체를 극복하도록 돕는 것이지만 그렇다고 관료주의적 집중을 추종하는 것은 아니다.

현재 많은 결합들이 있고 많은 공동 계획들이 있지만, 그것들은 여전히 나라들간에는 말할 것도 없이 각 나라 내부에서도 극도로 분산돼 있다. 이를테면 각 나라에는 인터넷 사이트들을 거론하지 않더라도 무수히 많은 신문·주간지 또는 비판적 잡지들이 있고, 거기에는 유럽과 세계의 미래를 위한 분석들·충고들·제안들이 가득하지만, 이 모든 작업은 여전히 분산돼 있고 아무도 그 모든 것을 읽지는 않는다. 이런 활동들을 생산하는 사람들은 흔히 서로 경쟁하는 관계에 있기 때문에 서로를 비난하지만, 그들의 기여는 상호 보충적이고 누적될 수 있다. 지배층들은 여행을 하고, 돈이 있고, 몇 개 국어에 능통하고, 문화적 유사성과 생활 방식에 의해 연결돼 있다. 그들의 맞은편에는 언어적 또는 사회적 장벽에 의해 흩어지고 분리된 사람들이 있다. 이 모든 사람들을 한데 모으는 것은 매우 필요한 동시에 매우 어려운 일이다. 많은 난관이 있다. 사실 조합들을 필두로 한 많은 진보 세력들, 저항 구조들은 국가와 결부돼 있다. 그리고 정신적인 구조도 제도적인 구조만큼 영향을 끼친다. 사람들은 국가적 차원에서 투쟁하는 데 익숙하다. 문제는 초국가적인 새로운 동원 구조가 전통적이고 국가적인 구조를 이끌어 갈 수 있겠는가 하는 것이다. 확실한 것은 이런 사회 운동은 국가를 변화시키면서 국가에 기대야 하고, 조합을 변화시키면서 조합에 기대야 한다는 것이다. 그것은 엄청난 작업에 의해 가능한 것이고, 그 엄청난 작업의 성격은 대부분 지적인 것이다. 학자들의 (이상적인) 역할 중 하나는, 사회 운동을 조직할 때 조언자 노릇을 함으로써 각기 다른 집단들이 그들의 의견 차이를 극복하도록 돕는 일이 될 수 있을 것이다.

유연하고 영구적인 이런 조정은 두 개의 상이한 목표를 스스로에게 부여할 것이다. 하나는 상황에 따라 특별히 만들어진 만남들을 통해 일련의 단기적이고 구체적인 목표를 지향하는 행동들을 계획하는 것이고, 다른 하나는 관련 단체 대표들의 정기적인 모임에서 전체의 이익이 걸린 문제들을 토론에 붙이고 좀더 장기적인 연구 계획을 수립하려고 노력하는 것이다. 사실 여기서는 모든 단체의 관심의 교차점에서, 모두가 그들의 고유한 능력과 방법을 제시함으로써 동의하고 협력할 수 있는 보편적인 목표들을 발견하고 수립하는 것이 중요할 것이다. 공통된 전제 사항을 인정하는 개인과 집단 전체의 민주적인 대결에서, 조합도 정당도 종합적인 해결책을 가져올 수 없는 근본적인 문제들에 대한 일관성 있고 분별 있는 대답들이 차차 쏟아져 나오지 말란 법도 없다.

쇄신된 노조 운동

유럽의 사회 운동은 그것의 강화와 유럽 차원의 통합을 가로막는 내부적·외부적 난관들을 극복할 수 있는 쇄신된 노조 운동의 참여 없이는 상상할 수 없다. 노조 운동의 쇠퇴를 그의 승리의 간접적이고 지연된 효과로 간주하는 것은 겉보기에만 역설적인 일이다. 왜냐하면 노조 투쟁을 야기한 수많은 요구들은 체제의 상태로 넘어갔는데, 이제부터는 그 체제의 상태가 의무 또는 권리(이를테면 사회적 보호와 관계가 있는 것들)의 토대에 있으면서 노조 자체들간의 투쟁의 목적이 되었기 때문이다. 흔히 국가에 의해 보조금을 받는, 친국가적 기관으로 변신한 노조의 관료들은 부의 재분배에 참여하고 단절과 대결을 피함으로써 사회적 타협을 보장한다. 그리고 노조의 책임자들이 그들의 위임자들의 관심과는 거리가 먼 관리인으로 전환하게 될 때, 그들은 기구들간의 혹은 기구들 내부의 경쟁 논리에 의해 그들이 보호하는 것으로 간주되는 사람들의 이익보다는 오히려 그들 자신의 이익을 보호하게 될 수 있다. 그런 것이 임금노동자들을 노조로부터 멀어지게 하고, 노조원들 자신을 조직체에 대한 적극적인 참여로부터 멀어지게 하는 데 부분적으로 기여하지 않을 수 없었다.

하지만 내부적인 이런 이유들만으로 조합원들이 여전히 수적으로 적고 덜 적극적인 이유를 설명할 수는 없다. 신자유주의 정책이 노조들의 약화에도 기여하고 있다. 사회복지 사업의 잔해들이 임금노동자들의 일부를 계속 보호하고 있긴 하지만 수적으로 증가하는 임금노동자들의 가변성과 특히 불확실성, 그리고 그로 인해 나타나는 노동 조건과 기준의 변화가 일체의 통일된 행동, 심지어 단순한 정보 수집 작업조차도 어렵게 만드는 데 기여하고 있다. 이는 분열되고 불안정한 노동자들을 동원하는 데 없어서는 안 될 신기술의 발명과 직무의 교대와 무조건적 위임이라는 모델의 재검토를 동시에 전제로 하는 노조 활동의 개혁이 얼마나 필요하면서도 어려운 일인가를 나타낸다 하겠다.

우리가 지금 만들어 내야 하는 완전히 새로운 유형의 조직체는 목적과 국가에 따른 분열, 그리고 운동별·노조별로 나뉘는 현상을 극복할 수 있어야 한다. 그러면서 동시에 사회 운동·노조 운동 또는 다른 운동 전체에 항상 따라다니는 독점화의 위험(또는 더 정확히 말하면 소유의 유혹과 시도)과, 흔히 이런 위험들에 대한 거의 신경증적인 두려움이 만들어 내는 수구주의를 피해야 한다. **유럽 사회 운동의 삼부회** 같은 협의와 토론 기관 안에서의 대립에 의해 활력이 부여되는, 노조와 운동의 안정적이고 효과적인 국제적 망의 존재는 국제적인 요구 행동을 발전시킬 수 있어야 할 것이다. 그것은 일부 노조들(유럽노조연맹 같은)이 대표하는 공식적인 조직체들의 행동과는 더 이상 아무런 관계가 없어야 할 것이며, 끊임없이 특정 상황에 부딪치고 그로 인해 제한되는 모든 운동의 행동들을 통합해야 할 것이다.

학자들과 투사들을 결합시키기

사회 운동의 분열을 극복하기 위해, 그리고 그렇게 해서 의식면에서나 방법면에서나 타협을 본 지배 세력들 자체에 맞서서 사용할 수 있는 모든 힘들을 한데 모으기 위해 필요한 작업은 이 역시 너무나 해로운 또 다른 분열, 즉 학자들과 투사들을 갈라 놓는 분열에 대해서도 행사되어야 한다. 경제적 능력이 전례 없는 학문적·기술적·문화적 수단들을 마음대로 사용할 수 있는 경제적·정치적 세력 관계의 상태 안에서 학자들의 작업은 거대 다국적기업들, 그리고 OMC처럼 보편화된 일탈이라는 신자유주의적 공상에 조금씩 현실성을 부여할 수 있는, 세계적인 의도의 조정 작업을 생산하고 부과하는 국제 기구들에 의해 작성되고 실시된 전략들을 발견하고 분해하는 데 꼭 필요하다. 그런 접근에 대한 사회적 장벽들은 각기 다른 운동들 사이에, 또는 운동들과 노조들 사이에 놓인 장벽들만큼이나 크다. 투쟁 작업에 참여한 학자들과 연구 계획에 임명된 투사들은 형성 과정과 사회적 궤도가 다르기 때문에 서로 상대방에 관해 가질 수 있는 부정적인 선입관을 극복하고, 각기 다른 규칙과 논리에 따르는 세계에 대한 소속과 관련된 관례와 전제들로부터 벗어나서 함께 일하는 법을 배워야 하며, 그것은 어떤 새로운 유형의 커뮤니케이션과 토론 방식의 설립 덕에 가능하다. 이것은 그것들이 체계적이면서도 동시에 공통된 열망과 신념에 뿌리박고 있다는 사실에서 그들의 정치적 힘을 얻는 일련의 해답들이 경험과 능력에 관한 비판적 대결 안에서, 그

리고 그것에 의해서 집단적으로 발명될 수 있기 위해 필요한 여러 조건들 가운데 하나이다.

다양한 나라들의 다양한 기구 안에 축적된 모든 힘과 삼부회 (Etats généraux) 같은 정보와 토론의 특정 장소들 안에서 함께 작성된 정보와 비평의 도구들에 기댄 유럽의 사회 운동만이 거대 국제 기업들, 그리고 그들의 커뮤니케이션 에이전시, 조사위원회와 **로비**를 담당한 이사회 안에 모인 수많은 고문들 · 전문가들 · 법학자들의 경제적 · 지적 세력에 저항할 수 있을 것이다. 또한 단기간의 최대 이익의 추구에 의해 방향이 결정되는 기관들에 의해 파렴치하게 강요되는 목표들을 어떤 유럽 복지 국가의 경제적 · 정치적으로 민주적인 목표들로 대체할 수 있을 것이다. 그런데 그 국가는 엄밀한 의미에서의 경제적 이익이라는 야만적이고 거친 힘을 억제하는 데 필요한 정치적 · 법적 · 재정적 도구들을 갖추고 있어야 한다. **유럽 사회 운동의 삼부회**에 호소하는 움직임 (인터넷 사이트 www.samizdat.net/mse를 보라)은 이런 관점의 일환이다. 그것의 목표는 유럽 사회 운동 전체를 대표하려는 것은 절대 아니고, 소비에트의 반급(半給)을 받는 장교들이 애지중지하던 '민주적 중앙집권주의'의 가장 아름다운 전통에 따라 그것을 독점하려는 것은 더욱 아니며, 다만 오늘날 '세계화' 정책에 봉사하기 위해 동원된 경제 · 문화 세력들의 역량에 저항하는 사회 세력들을 한자리에 모으려고 끊임없이 노력함으로써 그것을 존재하게 하는 데 실질적으로 기여하고자 하는 것이다.

2000년 7월, 파리

모호한 유럽: 유럽 차원의 행동의 선택으로 돌아감[14]

유럽은 본질적으로 모호하다. 하지만 그것은 어떤 역동적인 전망 안에서 고려할 때 사라지는 경향이 있는 그런 모호함이다. 한편에는 지배적인, 그래서 세계적 차원에서 정치적 역할을 수행할 수 있는 경제적·정치적 강국들에 대해서 자치적인 유럽이 있다. 다른 한편에는 미국과 일종의 관세동맹 같은 것에 의해 연결된, 그래서 캐나다의 그것과 유사한 운명, 즉 지배적인 강국 앞에서 일체의 경제적·문화적 독립을 점점 박탈당하는 운명에 이르게 된 유럽이 있다. 사실 정말로 유럽다운 유럽은 서서히 윤곽을 드러내고 있는 미국적인 유럽을 은폐하는 하나의 **미끼**로 작용하고 있으며, 그것은 그것이 만드는 것, 그리고 지금 되어가고 있는 것과 정확히 반대되는 것을 기대하는 사람들의 동의를 얻음으로써 용이하게 만들고 있다.

전적으로 일어날 것 같지 않은 단절만 없다면, 모든 것이 유럽을 초대륙적인 세력(세계 무역과 투자의 장벽을 제거하려고 노력하는 유럽과 미국의 1백50개의 최대기업들을 집결시킨 조직체인 트랜스아틀란틱 비즈니스 다이알로그(대서양 비즈니스 대화)가 상징하고 실현하는)에 대한 복종으로 이끄는 경향들이 승리할 거라고 생각하게 만든다. 사실 그것들이 모든 종류의 자본을 최고로 집중시

---

14) 이 구절은 2000년 11월 빈에서 소개된 어떤 발언의 요점을 인용한 것이다.

키기 때문에, 미국이 세계의 경제의 장을 지배할 수 있는 것이다. 그리고 그것은 서비스 무역에 관한 일반 협정(AGCS) 같은 법률적·정치적 장치의 덕을 톡톡히 보고 있다. AGCS는 자유로운 '유통'에 대한 장벽을 제한하는 것을 목적으로 하는 진행성 규제들, 그리고 법적 보호 체계를 파괴하는 정보의 바이러스처럼 가장 비밀스럽게, 고의적으로 눈에 띄지 않게 생산되어 '지연 효과'를 가진 조처들을 규정함으로써 지배적인 경제 세력들에게 봉사하는 일종의 **보이지 않는 세계 정부**(즉 세계 국가라는 칸트의 개념의 정반대)의 출현을 준비하는 텍스트들의 합이다.

'세계화' 정책이 국가의 쇠퇴를 조장하는 경향이 있다는, 널리 유포된 생각과는 달리, 사실은 국가들이 자신들을 약화시키는 정책에게 봉사하는 결정적인 역할을 계속 수행하고 있다. 금융 시장을 위해 국가의 소유권을 빼앗는 것을 목표로 하는 정책들이 국가들, 더구나 사회주의자들에 의해 지배되는 국가들에 의해 규정됐다는 것은 주목할 만한 일이다. 이것은 국가들, 그리고 아주 특별히 사회민주주의자들에 의해 지배되는 국가들이 사회적 국가(즉 노동자와 여성의 권리)를 파괴하려고 노력하면서뿐만 아니라, 그들이 교대하는 권력들을 숨김으로써 신자유주의의 승리에 기여하는 것을 의미한다. 하지만 그들에겐 또한 미끼의 기능도 있다. 즉 그들은 유럽의 공적 장소의 부재, 그리고 정치적·노조적·미디어적 구조들의 엄밀한 의미에서 국내적인 특성(신문 판매에 대한 염려가 어떻게 신문을 국내 정치——흔히 가장 엄밀한 의미에서 정치적인 정치——그리고 가정·교회·학교 또는 노조 같은 제도적 구조들 안에 깊이 뿌리박은 정치에 묶어두는 데 항상 많이 기여하는 쪽으로 흐르는지를 보여 줘야 할 것이다)과 같은 요인들의 총합에 의해 그 존재가 유지되는 거짓 목표들(프랑스에서 좌파 정부와 우파 대통령의 동거를 둘러싸고 돌아가는 그 모든 것을 원형으로 하는 엄밀한 의미에서의 국가적인 토론들)로 시민들의 관심을 끈다.

이 모든 것이 정치를 소박한 시민들로부터 계속 멀어지게 만들고, 정치를 국가적(혹은 지방적)인 것에서 국제적인 것으로, 직접적이고 구체적인 것에서 멀고 추상적인 것으로, 보이는 것에서 보이지 않는 것으로 가게 만든다. 그리고 개인의 행동들, 또는 사르트르식으로 말하면 입만 열면 민주주의와 '시민의 감시'를 외쳐대는 사람들이 내세우는 일련의 행동들이 지배적인 경제 세력들과 그들이 활용하는 압력단체들 앞에서 그 무게와 효과를 잃게 만든다. 그 결과 가장 중요하고 어려운 문제들 가운데 하나가 정치적 행동을 어떤 차원에서 표명하는 것이 적당한지를 아는 것이다. 지역적 차원, 아니면 국가적 차원, 아니면 유럽 차원, 아니면 세계 차원? 사실 학문적 명령들은 정치적 명령들과 일치해서 원인의 사슬 안에서 가장 일반적인 원인, 즉 장소까지 거슬러 올라갈 것을 강요한다. 그런데 이것이 오늘날에는 대개 관련된 현상의 근본적인 요인들이 존재하는 세계적인 장소일 경우가 많다. 따라서 그것이 그것을 현실적으로 수정하기 위해 마련된 행동의 진정한 적용 지점이 된다. 그리하여 이를테면 이민에 관해서, 국가적 차원에서는 지배자들의 이익의 변화에 따라 변동할 뿐 아니라 신자유주의 정책의 효과, 또는 더 정확히 말하면 소위 구조 조정 정책들, 특히 공공 사업의 민영화의 효과 같은 핵심적인 것을 놓쳐버리는 정부의 정책 같은 요인들밖에 파악할 수 없다는 것은 의심

할 여지가 없다. 그런데 그것은 많은 나라에서 경제의 붕괴를 낳고, 경제의 붕괴는 대량 해고를 낳고, 대량 해고는 대대적인 강제 이민의 움직임과 **세계적 예비군**의 구성을 조장하는 결과를 초래한다. 그리고 그것은 그것의 모든 무거운 짐(불법적인, 여권 없는 사람들 같은)을 가지고 그 자체도 불안정한 국가적 노동력과 그것의 임금 요구에 압박을 가하고 있다. 이것은 지배적 기관들이 과거식의 이민, 즉 쓰다가 버릴 수 있고 임시직이고 독신인, 가족도 없고 사회적 보호도 받지 못하는(여권 없는 사람들처럼), 지배 경제에서 과로한 관리직에게 그들이 필요로 하는 서비스(상당 부분 여성들의 서비스)를 저렴하게 제공하기 위해 마련된 노동자들로 이루어진 이민에 대한 향수를 솔직하게 표현할 때(특히 **OMC**에 관한 글에서) 드러난다. 하지만 우리는 여성들, 그리고 여성들이 그 피해자인 불평등에 관해서도 유사한 논증을 할 수 있다. 이를테면 그들의 일(여성들은 특히 보건 · 교육 · 문화에서 대표를 맡고 있다) 때문에도 그렇고, 그들이 현상태의 남녀간의 노동 분담 안에서 특히 필요로 하는 서비스(탁아소 · 병원 · 후생복지 등) 때문에도 그렇고, 여성들이 국가의 좌익과 단단히 결속돼 있음에 따라 그들이 사회적 국가 해체의 첫번째 희생자들이라는 것을 밝힐 수도 있을 것이다. (말이 났으니 하는 말이지만, 로이크 바캉의 관찰처럼 시빌 라이츠(시민권) 이후 주로 정부의 공무원 직업들을 근거로 하여 이루어져 온 흑인 중산층 재생산의 토대인 공적 일자리의 감소로 직접적인 손해를 입은 미국의 흑인들처럼 여성들도 지배받는 민족이라고까지 말할 수 있을 것이다.) 정치 행동으로 말하면, 속임수에 넘어가거나 효과 없는 행동들 안에서 알리바이를 찾고 싶지 않다면 그것 역시 진짜 이유, 가장 현실적인 효과를 낳은 장소까지 거슬러 올라가야 한다. 그런데 시애틀의 경우처럼 최고 수준까지, 즉 눈에 보이지 않는 세계적 통치 기관들에게 맞서는 수준까지 올라가는 행동들은 계획하기가 더 어렵고, 또 그것들이 비록 망과 조직들에 기대고 있긴 하지만 그보다는 사실 개인들의 힘의 집합이기 때문에 그만큼 더 덧없다.

그래서 내가 보기에는 첫째, 효과를 나타내기를 바라는 행동들을 유럽 차원에 위치시킬 수 있고 또 위치시켜야 하며 둘째, 상징적인 효과는 있지만 일시적이고 불연속적인 해프닝에 그치는 것을 피하기 위해 이 행동들은 **이미 집중된 사회적 힘들의 집중**, 다시 말해 유럽 전체 안에 존재하는 사회 운동들의 결집을 토대로 해야 할 것 같다. 집단들의 조정 덕에 가능한 이런 집단 행동들은 진정한 사회적 유럽을 위한 정치적 · 사회적 목표들(위원회를 보통 선거에서 선출된 의회 앞에서 책임을 질 수 있는 진짜 집행부로 대체하는 것과 같은)을 표명하는 것을 목적으로 하는 이론 작업에 기대면서 믿을 수 있는 견제 세력, 즉 현재는 존재하지 않는 유럽의 정치적 공간을 그것의 유일한 존재에 의해 존재하게 할 수 있는 유럽의 사회 운동('통합된' 혹은 '조정된' 운동. 그래서 운동들이 아닌 것이다)을 형성하려고 노력해야 한다.

모래알들*

만일 내가 오늘날 문화가 위험에 처해 있다고, 문화가 여러 개의 얼굴, 시청률, 마케팅 조사, 광고인들의 기대, 판매 총액, **베스트 셀러** 목록이라는 여러 개의 얼굴을 가진 돈, 상업, 탐욕스러운 마음의 영향력에 위협받고 있다고 말하면, 여러분은 내가 과장한다고 말할 것이다.

만일 내가 문화적 성과를 옥수수 · 바나나 또는 감귤에 적용하는 법의 관할에 속하는, 저급한 생산물들과 같은 운명에 몰아 넣는 국제 조약에 서명하는 정치가들은, 항상 알고 그러는 것은 아니지만 문화와 정신의 쇠퇴에 기여하고 있다고 말하면, 여러분은 내가 과장한다고 말할 것이다.

만일 내가 상업적 유통의 법칙을 기꺼이 따르는 편집자들, 영화 제작자들, 비평가들, 배급자들, 라디오와 텔레비전 채널의 책임자들이 상업적 유통에 관한 법률, **베스트 셀러**와 미디어 스타들에 대한 추적의 법칙, 단기적이고 어떤 대가를 치르더라도 해야만 하는 성공의 생산과 찬미에 관한 법칙에도 기꺼이 복종하지만 또한 세속적인 양도와 친절이 순환하는 교환의 법칙에도 기꺼이 복

---

*《텔레라마》 2647호, 2000년 10월 4일자, 159쪽.

종한다고 말하면, 만일 내가 이 사람들이 모두 다 시장의 어리석은 세력들과 협력하고 그것들의 승리에 동참한다고 말하면, 여러분은 내가 과장한다고 말할 것이다.

그렇지만…….

만일 내가 지금 이 시한폭탄을 멈출 수 있는 기회가 문화 · 예술 · 문학적 현실에 대해 어느 정도의 영향력을 쥐고 있으면서 각자 그들의 자리에서 그들의 방식대로, 아무리 적어도 그들의 몫만큼의 모래알을 체념적 결탁이라는 기름을 듬뿍 먹은 게임에 뿌릴 수 있는 이 모든 사람들에게 있다는 것을 상기시키면, 만일 내가 **텔레라마**에서 일할 기회를 얻은(반드시 가장 높거나 가장 눈에 띄는 자리가 아니더라도) 남녀들이 신념적으로나 전통적으로나 그런 일을 하기에 가장 좋은 위치에 놓인 사람들 사이에 있는 거라고 덧붙이면, 여러분은 아마 이번만은 내가 극도로 낙관적이라고 말할 것이다.

그렇지만…….

2000년 9월, 파리

문화가 위태롭다*

  현재와 미래의 악을 고발할 요량으로 그것을 예고하는 사회과학 전문가들의 예언자적 유혹과 야망에 대해 나는 자주 경계를 해왔다. 하지만 나는 나의 작업 논리에 의해, 차츰 내게 하나의 검열의 형태로 비치기 시작한 객관성이라는 개념의 이름으로 스스로에게 설정한 한계를 벗어나기에 이르렀다. 그래서 오늘날 문화를 압박하는 위협들, 그리고 흔히 가장 밀접한 관계자들인 작가들·예술가들·학자들 자신들마저 대개는 모르고 있는 위협들 앞에서, 나는 소위 세계화의 과정이 문화 분야에 가져올 수 있는 결과에 관해 가장 앞선 연구 관점으로 보이는 것을 가능한 한 널리 알려야겠다고 생각하게 됐다.

위협받는 자율성

  나는 일부 서방 국가들에서 형성된 기간별 자치화 과정에 따라

---

* 2000년 9월 서울, 대산재단에서 있었던 문학에 관한 국제 포럼에서 발표한 내용.

내가 장, 문학의 장, 학문의 장, 또는 예술의 장이라고 부르는 이 사회적 소우주들을 묘사하고 분석했다(특히 나의 책《예술의 규칙》에서). 또한 나는 이 우주들이 그들에게 적합한(자율이라는 말의 어원적 의미에서), 그리고 주변의 사회적 세계의 그것들과는 특히 경제적 측면에서 다른 법칙들에 복종하고 있다는 것을 증명했다. 왜냐하면 이를테면 문학의 세계 또는 예술의 세계는 적어도 가장 자율적인 분야에서만은 돈과 이익의 법칙으로부터 상당히 자유롭기 때문이다. 나는 또 이 과정에는 직선적이고 헤겔 철학 유형을 따르는 개발 같은 것은 전혀 없으며, 예술의 세계로부터 그들의 과거의 정복들을 빼앗을 수 있는 독재적인 체제들이 건설될 때마다 우리가 목격한 것처럼 자율을 향한 진보는 갑자기 중단될 수 있다는 사실도 줄기차게 강조해 왔다. 하지만 오늘날 선진국들의 세계 전체 가운데 예술적 생산의 세계에서 일어나고 있는 일은 전혀 새롭고 정말로 유례없는 어떤 것이다. 사실 어렵게 얻어지는, 경제의 필요성에 관한 문화적 생산과 유통의 독립성은 그것의 원칙 자체 안에서, 문화적 재화의 생산과 유통의 모든 단계에서 상업적 논리의 간섭에 의해 위협당하고 있다.

신자유주의라는 새로운 복음서의 예언자들은 다른 분야도 마찬가지지만 문화면에서 시장 논리가 혜택만을 가져올 수 있다고 주장하고 있다. 그들이 일체의 보호를 거부하고 있는 책에 관해서도 그런 것처럼 암묵적으로든 분명하게든 문화적 재화의 특수성을 거부하면서, 그들은 이를테면 그들을 착취하는 신기술과 경제 개혁이 기술적·경제적으로 통합된 새로운 커뮤니케이션 집단들, 즉 정보의 이름으로 세계적으로, 무차별적으로 포섭되는 책·영화 또는 게임만큼이나 많은 텔레비전의 메시지들을 유통시키는 그 모든 것이 평범한 상품으로 간주되고, 그래서 여느 제품과 똑같이 취급되고, 이익의 법칙에 복종하는 조건으로 제공되는 문화적 재화의 양과 질을 증가시킬 수밖에 없다고 주장한다. 이렇게 주제별로 수치화된 텔레비전 채널의 증가와 관련된 과잉은 모든 요구, 모든 취향을 만족시키는 **미디어 선택의 폭발**(explosion of media choices)로 이끌지 모른다. 왜냐하면 다른 분야와 마찬가지로 이 분야에서도 경쟁이 그것의 유일한 논리에 의해, 그리고 특히 기술적 진보와 결합하여 창조를 독려할 것이기 때문이다. 이익의 법칙은 이 분야 역시 최대 다수에 의해 결정된 제품들을 인가한다는 이유로 민주적일 것이다. 나는 결국 상당히 중복되는 여러 언급, 그리고 인용으로 이루어진 나의 각각의 주장들을 뒤섞을 수 있을 것이다. 내가 말한 거의 모든 것을 요약하는 유일한 예는 이것이다. 사실 이것은 장 마리 메시에로부터 빌려 온 것이다. "미국에서는 전기통신사들의 완전 자유화와 커뮤니케이션의 기술 덕에 수백만의 일자리가 창출됐다. 프랑스도 여기서 영감을 얻을 수 있기를! 지금 중요한 것은 우리 경제의 경쟁성과 우리 아이들의 일자리이다. 우리는 더 이상 추위에 떨고 있지 말고 경쟁과 창조의 수문을 활짝 열어야 한다."

이런 논지는 어떤 가치가 있을까? 우리는 제품들의 특별한 다양화와 차별화라는 신화에 대한 반론으로 국가적 차원에서든 국제적 차원에서든 공급의 규격화를 내세울 수 있다. 즉 다양화와 거리가 먼 경쟁은 제조자들로 하여금 **모든 계층과 모든 나라의 대중들에게 가치 있는, 만능의** 제품들을 만들어 내도록 이끄는 최대 대중의 추구를 균질화한다. 왜냐하면 할리우드의 영화들, **텔레노벨라스(텔레비전 소설들)**, 텔레비전 연속극들, **소프 오페라**, 추리 소설 시리즈, 광고 음악, 통속극 또는 브로드웨이의 연극, 세계 시장을 겨냥해 곧장 생산되는 **베스트 셀러들**, 모든 독자를 위한 주간지들은 거의 차별화되지도 차별화하지도 않기 때문이다. 게다가 경쟁은 생산 장치, 특히 배급 장치의 집중과 함께 끊임없이 후퇴하고 있다. 왜냐하면 다양한 커뮤니케이션의 망들이 흔히 같은 시간에, 최소의 비용으로 최대의 이익을 추구한 결과로 나온 같은 유형의 제품들을 배급하려는 경향이 점점 더 커지기 때문이다. 커뮤니케이션 집단들의 기이한 집중은 가장 최근에 있었던 Viacom과 CBS의 합병,[15] 즉 콘텐츠 생산 쪽으로 가던 한 집단과 배급 쪽으로 가던 한 집단의 합병이 보여 주듯 **배급이 생산을 명령하는 식의 수직적 통합**에 이르고 있고, 그것은 돈에 의한 진짜 검열을 강요하고 있다. 생산·경영·배급 활동의 병합은 국산 영화를 장려하는 지배적인 위치의 남용을 초래한다. 왜냐하면 고몽·파르테·UGC는 그들 스스로, 혹은 상영프로편성연합회의실에서 파리 시장에 존재하는 독점 상영 영화의 80퍼센트의 상영을 약속하기 때문이다. 배급자들의 명령에 전적으로 복종하면서, 흔히 폐쇄의 위기에 처한 독립적인 작은 영화관들로 하여금 비겁한 경쟁을 하게 만드는 멀티플렉스 영화관들의 급증도 상기해야 할

15) 그런데 내가 출판을 위해 이 글을 다시 읽을 때 두려움을 주는 정도가 이보다 덜하지 않은, 타임 워너와 인터넷에 접속한 최초의 세계적 공급자인 아메리카 온라인(AOL)이라는 미디어 거인들의 합병이 이루어졌다.

것이다.

하지만 중요한 것은 상업적 관심, 단기적 최대 이익의 추구, 거기서 발생하는 '미학'이 점점 더 많이, 그리고 점점 더 폭넓게 문화적 생산 전반에 부과된다는 것이다. 그러한 정책의 결과는 출판 분야의 결과와 너무나도 똑같다. 그곳에서도 역시 우리는 대단히 강한 집중 현상을 목격할 수 있다. 왜냐하면 어쨌든 미국에서는 W. W. 노턴과 호턴 미플린이라는 두 개의 독립 출판사, 점점 더 스스로 상업적 구속에 종속되고 있는 몇몇 대학출판사, 그리고 호전적인 몇몇 작은 출판사들을 제외하고 도서 상업이 여덟 개의 거대 미디어들의 큰 협동체의 수중에 들어 있기 때문이다. 대부분의 출판사들은 사업적 성공을 지향하고 있음에 틀림없다. 그리고 그로 인해 많은 결과들 가운데 특히 돈에 의한 검열과 미디어 스타들이 작가들의 세계로 침입하는 결과를 낳았다. 이것은 그들이 특히 거대 멀티미디어 집단에 편입함으로써 매우 높은 수익률을 올려야 할 때 그렇다. (여기서 나는 베텔스만의 대표이사인 M. 토마스 미들호프가 《라 트리뷴》지에서 한 말을 인용할 수 있겠다. "베텔스만은 지난 2년간 3백50개 센터에 투자 자본에 대해 10퍼센트 이상의 수익성을 보장할 수 있는 이익을 안겨 줬다.") 그러니 어찌 이익, 특히 단기 이익의 논리가 언제 되돌아올지 모르고 대개는 사후(死後)에야 되돌아올 수밖에 없는, 밑 빠진 독에 물 붓기 식의 투자를 전제로 하는 문화에 대한 엄연한 부정이라고 보지 않을 수 있겠는가?

중요한 것은 상업적 목적만을 지향하지 않는, 그리고 특히 거대 배급 장치들 위에서 장악하고 있는 영향력을 통해 매스미디어의 생산을 지배하는 자들의 결정에 종속되지 않는 문화적 생산의 보존이다. 사실 이 분야에서 이끌어야 하는 투쟁의 어려움 가운데 하나는 산업 문화의 대량 생산이 어떤 점에서는 대중, 특히 세계 모든 나라의 젊은이들——왜냐하면 그들이 가장 접근하기 쉬운 동시에(이 제품의 소비는 적은 문화 자본을 전제로 한다) 일종의 **역설적인 속물주의**의 대상이기 때문이다——의 **압도적 다수에 의해 결정된** 것인 이상, 이 투쟁이 반민주적인 것처럼 보일 수 있다는 것이다. 속물주의라 함은 사실 (경제적 · 정치적으로 지배적인 어떤 사회의) 대중 문화의 가장 싼(cheap) 제품이 멋진(chic) 것으로 인정되는 것이 이번이 역사상 처음이기 때문이다. 그리고 **배기 팬츠**, 즉 헐렁한 바지를 입은 모든 나라의 청소년들은 아마 그들이 너무나 멋지고 너무나 현대적이라 생각하는 의복의 유행이 일부 문신 취향과 마찬가지로 미국의 감옥에서 시작됐다는 것을 모르고 있을 터이다! 이는 **진(청바지)** · 코카콜라 · 맥도날드의 문화가 경제적인 힘뿐만 아니라 어떤 유혹——희생자들 자신이 기여하는——의 중개를 통해 행사되는 상징적인 힘도 갖고 있다는 말이 된다. 아이들과 청소년들, 특정 면역성의 보호 체계가 가장 결핍된 아이들을 상업 정책의 우선 목표로 삼음으로써 문화, 특히 영화를 생산하고 배급하는 대기업들은 강제된 것인 동시에 합의된 광고와 미디어의 뒷받침으로 어린애처럼 유치해진 현대 사회 전체에 대해 전례 없는 기이한 영향력을 확보하고 있다.

곰브리치가 말한 대로 '예술의 생태학적 조건들'이 파괴될 때 예술은 곧 죽을 수밖에 없다. 문화가 위태로운 것은, 자율의 조건인 자본의 축적이 이미 상당히 이루어진 선진국들 안에서도 그것을 발전시킬 수 있는 경제적 · 사회적 조건들이 이익의 논리에 의해 많은 영향을 받기 때문이다. 그러니 하물며 다른 나라들에서는 어떠랴. 내부에서 문화가 생산되는, 상대적으로 자율적 소우주들은 사회 제도와의 연계하에 생산자들과 소비자들의 생산을 보장해야 한다. 화가들은 피카소를 가능하게 한 사회 여건을 쟁취하는 데 거의 다섯 세기가 걸렸다. 왜냐하면 그들은 더 이상 그들의 작품이 색칠된 면적과 사용된 물감의 가격으로 평가되는, 단순한 생산물로 취급되지 않게 하기 위해 공동 출자자들에 맞서 투쟁해야 했기 때문이다——계약서들을 읽어보면 그런 사실을 알수 있다. 즉 그들은 서명할 수 있는 권리, 즉 작가로 대우받을 수있는 권리를 얻기 위해 투쟁해야 했다. 그들은 그들이 사용하는 색깔들, 그것들을 사용하는 방식, 그리고 심지어 마지막에는, 특히추상 미술의 경우에 주제 자체——공동 출자자들이 특히 압박을가하던——를 선택할 수 있는 권리를 얻기 위해 투쟁해야 했다. 다른 예술가들 · 작가들 또는 음악가들은 아주 최근부터 저작권이라고 하는 것을 위해 투쟁해야 했다. 그들은 희귀성 · 단일성 · 품질을 위해 투쟁해야 했고, 비평가들 · 전기작가들 · 미술사 교수들등의 협조 덕에 예술가 · '창작인'으로 인정받을 수 있었다. 마찬가지로 탐구적 영화 작품들과 그것들을 감상하기 위한 관객이 등장하기 위해 충족돼야 하는 조건들은 헤아릴 수 없이 많다. 그래도 그중 몇 가지만 언급하자면 전문 잡지들과 그것들에게 활기를불어넣기 위한 비평들, 예술 영화를 상영하고 대학생들이 드나드는 작은 영화관들과 시네마테크들, 무보수로 일하는 영화애호가들에 의해 운영되는 영화애호가 클럽들, 당장은 성공하지 못할 영화를 만들기 위해 모든 것을 희생할 준비가 된 영화인들, 조예가 깊은 비평가들, 그들에게 자금을 댈 정도로 지식 있고 교양 있는 제작자들, 요컨대 전위 영화를 인정하는 이런 사회적 소우주 전체는 고유한 가치가 있다. 그리고 그것이 오늘날 상업 영화의 침입에 의해, 그리고 특히 제작자 자신이 배급자가 아닐 때 그들이 염두에 두어야 하는 거대 배급자들의 지배에 의해 위협받고 있다. 그런데 오늘날 작품이 하나의 제품, 하나의 상품으로 축소됨에 따라 이 모든 것이 위협받고 있다. **파이널 컷(최종 편집)**을 위한, 그리고 작품에 관한 최종 권리를 주장하는 제작자에게 반대하기 위해 벌이고 있는 현재의 투쟁은 콰트로첸토〔이탈리아의 15세기〕 당시 화가들의 투쟁과 너무나 똑같다.

출현, 진화의 긴 과정의 끝에 이른 이 자율적인 우주들은 오늘날 **쇠퇴**의 과정에 들어갔다. 이것들은 작품에서 제품으로, 작가에서 그들 자신이 발명하지 않은 기술적 수단들——그 유명한 특수 효과 같은, 또는 발행 부수가 많고 특정 연구, 특히 형식에 관한 연구를 감상할 준비가 안 된 일반 대중을 유인하기 적합한 잡지들에 의해 찬양받는 유명한 스타들 같은——을 사용하는 일개 기사 또는 기술자로 후퇴·역행하는 장소이다. 그리고 특히 그들은 극도로 값비싼 이 수단들을 순전히 상업적 목적으로 사용해야 한다. 다시 말해 거의 뻔뻔스럽게, 그들의 원초적 충동——다른 기술자들, 마케팅 전문가들도 예측하려고 노력하는——을 만족시킴으로써 가능한 한 가장 많은 수의 관객을 유인하기 위해 그것들을 계획해야 하는 것이다. 이렇듯 모든 우주에서(우리는 소설이나 영화 분야, 심지어는 시——자크 루보가 '밀리(아침 식사 대용의 시리얼 제품 이름) 시'라고 부르는 것과 함께——에서도 그러한 예들을 발견할 수 있다) 모조 문화의 생산자들——상업적 생산의 가장 전통적인 원동력인 척하면서 전위의 추구를 흉내내는 것까지 할 수 있는, 그리고 그들의 모호함으로 인해 잘못된 인식(allodoxia)의 효과 덕에 현대주의자라는 주장으로 비평가들과 소비자들을 속일 수 있는——이 등장하는 것을 목격할 수 있다.

　우리가 보았다시피 이것은 상업의 법칙, 따라서 '상업의' 지배에 대한 복종으로 이해되는 '세계화'——이것은 항상, 그리고 어디에서나 우리가 문화에서 기대하는 것의 반대이다——와 국가 문화, 또는 그런 특별한 형태의 문화적 국가주의의 옹호 중 무엇을 선택하느냐의 문제가 아니다. 볼거리가 많고 특수 효과를 사용한 영화, 또는 작가가 미국인은 물론 이탈리아인·인디언 또는 영국인도 될 수 있는 '월드 픽션' 같은 상업적 '세계화'의 저속한 산물들은 **문학·예술·영화의 인터내셔널**의 생산물들과 모든 점에서 대립한다. 그것은 비록 그 본부가 아주 오랫동안 파리에 있긴 했지만 그 중심은 어디나 될 수 있고, 또 그 어느곳도 될 수 없는 선택된 모임이다. 파스칼 카사노바가 《문학의 세계 공화국》에서 보여 준 것처럼 조이스·포크너·카프카·베케트 또는 곰브로비치 같은 '창작가들의 국적을 불문하는 인터내셔널'——아일랜드·미국·체코슬로바키아 혹은 폴란드의 순수 산물들이지만 파리에서 제작됐다——혹은 할리우드의 미학을 당당하게 무시하는 카우리스마키·마누엘 드 올리베이라·샤트야지트 레이·키에슬로프스키·키아로스타미, 그리고 세계 모든 나라의 다른 많은 현대 영화인들은 예술의 국제주의라는 국제적인 전통 없이는, 더 정확히 말하면 그것의 생존에 없어서는 안 되고 오래 전 상업적 침략을 면한 몇 곳에서 설립되어 살아남는 데 성공한 지식 있는 제작자들·비평가들·수입업자들의 소우주 없이는 절대로 존재하거나 존속할 수 없었을 것이다.[16]

새로운 국제주의를 위하여

특정 국제주의, 정확히 말해 문화적 국제주의의 이런 전통은 겉보기와는 달리 '글로벌라이제이션'이라고 부르는 것과 근본적으로 대립한다. 암호나 지령처럼 작용하는 이 말은 사실 경제적·정치적 지배 세력들, 특히 미국의 특정 이익과 특정 전통을 보편화하고 이 세력들에게 가장 유리한 경제적·문화적 모델을 전세계에 확장하면서 그에 대한 동의 혹은 적어도 보편적인 체념을 얻어내기 위해 그것을 하나의 기준, 존재 의무, 그리고 하나의 숙명, 보편적인 운명처럼 제시하는 것을 목적으로 하는 어떤 정책을 정당화하는 가면이다. 다시 말해 문화면에서 상업적 논리의 충만한 발전을 경험한 어떤 문화적 전통의 특수성을 보편화하면서 그것을 전세계에 강요하는 것이다. (그것은 사실이지만, 그것을 입증하자면 이야기가 길어질 것이다. 상업적 논리의 힘은 진보주의적이고 현대적인 것처럼 보이지만 사실은 어떤 급진적 형태의 자유

---

16) 이것은 파스칼 카사노바의《문학의 세계 공화국》(파리, 쇠이유 출판사, 1999년)에 소개된 분석들에 의거한 것이다.

방임의 결과일 뿐이다. 그리고 그 자유방임은 당장의 이득과 욕구가 이익의 원천으로 전환된다는 논리에 빠진 어떤 사회 질서의 특징이다. 매우 점진적으로만, 그리고 엄청난 희생을 치러야만 확립되는 문화적 생산의 장들은 경제 세력과 결합된 기술력들 앞에서 상당히 취약하다. 실제로 그것들 각자의 내부에서, 오늘날 미디어 지식인들과 다른 **베스트 셀러**의 생산자들처럼 요구에 복종하고, 그것으로부터 경제적 혹은 상징적 이익을 끌어내는 데 만족할 수 있는 자들이 존재하지 않는 어떤 시장을 위한 어떤 형태의 요구에 조금도 양보하지 않고 일하는 사람들보다 여전히 더 많고 일시적인 영향력도 더 크다.)

　오늘날 예술가 · 작가 · 학자들처럼 이런 문화의 국제주의 전통에 여전히 애착을 가진 사람들뿐만 아니라 온 나라의 출판인, 화랑 경영자, 비평가들은 그들 본래의 논리에 따라 문화적 생산과 배급을 즉각적인 이익의 법칙에 복종시키는 경향이 있는 경제 세력들이 소위 자유화 정책들 안에서 막대한 지원군을 발견하는 그 순간 동원되어야 한다. 그런데 경제적 · 문화적 지배 세력들은 '**글로벌라이제이션**'을 가장하여 그 자유화 정책들을 전세계에 부과하는 것을 목표로 삼고 있다. 여기서 나는 할 수 없이 대개 작가들의 모임 안에서 자기 자리를 찾지 못한 진부한 현실들을 언급해야 한다……. 게다가 마치 불행의 예언자인 양 과장하는 것처럼 보일 거라는 것을 뻔히 알지만, 신자유주의적 조처들이 문화에 가하는 위협이 그토록 큰 것이다. 지금 나는 각기 다른 나라들이 세계무역기구(OMC)에 동의하면서 서명했고, 현재 그것의 실시를 협상중에 있는 서비스 무역에 관한 일반 협정(AGCS)을 염두에 두고 있다. 수많은 분석가——특히 로리 월라크 · 아녜스 베르트

랑·라울 제나르──들이 증명한 대로 이것은 실제로 1백36개 회원국에게 자유무역법에 따라 모든 서비스를 개시할 것을 강요하는 것이고, 그런 식으로 해서 교육과 문화라는 기본권들과 일치하는 것들을 포함해 모든 서비스 활동을 상품화하고 이익의 원천으로 만드는 것이다. 우리가 확인했듯이 무상 교육과 포괄적인 의미에서의 문화에 대한 만인의 접근만큼이나 결정적인 공공 서비스와 사회적 기득권이라는 개념은 이제 끝난 듯하다. (사실 이 조처는 현행 분류를 재검토한 결과 시청각 장치, 도서관, 고문서보관소와 박물관, 식물원, 동물원 같은 서비스들, 그리고 미술·연극·라디오·텔레비전·스포츠 등 기분 전환과 관련된 모든 서비스에도 적용되는 것으로 간주되고 있다.) 그러니 국가의 고유한 문화적 특성을 보호하는 것, 따라서 초국가적인 문화 산업에 족쇄를 채우는 것을 목적으로 하는 국가 정책들을 '무역에 대한 장애물'로 취급하려 드는 이런 프로그램이 대부분의 국가들, 특히 경제적·문화적 자원이 가장 빈약한 나라들로 하여금 다른 분야도 마찬가지지만 문화면에서 국가적·지역적 특성에 맞고 다양성을 존중하는 개발에 대한 일체의 희망을 금지하는 결과만을 가져올 것이라고 어찌 보지 않을 수 있으랴. 이것은 특히 그들에게 국가적 규제, 시설들 혹은 기관들에 대한 보조금, 인가 등과 같은 국가의 모든 조치를 어떤 기구의 결정에 복종시키도록 명령함으로써 이루어진다. 그런데 이 기구는 초국가적 경제 세력들의 요구를 보편적인 규범으로 보이게 하고 싶어한다.

이 정책의 놀라운 사악함은 누적되는 두 개의 결과에서 기인한다. 우선 이 정책은 그것을 생산하는 자들을 둘러싼 비밀에 의해 비난과 이의로부터 보호된다. 그 다음 이 정책은 그것을 실시할 때, 그것들을 받아들여야 할 것들, 그리고 희생자들이 그것을 단숨에 고발할 수 없도록 반드시 다소 긴 지체 뒤에야만 나타날 것들의 눈에 띄지 않는 결과들——때로는 원하던 결과들일 때도 있다——을 내포하고 있다. (이를테면 보건 분야에서 비용의 극소화를 위한 모든 정책이 이런 경우에 해당한다.)

해당 부문의 사상가들과 학자들, 기자들과 홍보전문가들을 모아 놓은 **씽크 탱크**처럼, 돈이 동원할 수 있는 지적 자원을 경제적 이익을 위해 사용할 줄 아는 그런 정책은 자율적인 연구에 가장 집착하는 모든 예술가·작가·학자들의 일치된 거부를 야기할 것이다. 왜냐하면 그들이 이 정책의 지목된 피해자들이기 때문이다. 하지만 그들은 그들의 존재 자체가 결부된 세상의 파괴에 협력하는 장치들과 행동들에 대한 자각과 지식에 접근할 수 있는 방법을 항상 가지고 있지는 못할 뿐만 아니라 그들의 잠재된, 그리고 최고도로 정당화된 애착으로 인해 자치, 특히 정치적인 면에서의 자치에 대한 준비, 그리고 정치 분야에 뛰어들 준비가 되어 있지 못하다. 설사 그것이 그들의 자치권을 보호하기 위한 것이라고 해도 말이다. 그들은 드레퓌스를 위한 졸라의 행동을 영원한 모범으로 삼는 보편적 원인을 위해 동원될 준비가 돼 있기에 그들의 가장 특수한 이익의 옹호를 주된 목적으로 하며, 그들이 보기에 일종의 이기적인 협동의 낙인이 찍힌 듯한 행동들에 개입할 각오는 덜 돼 있다. 그들이 그들의 존재 자체와 가장 직접적으로 결부된 이익을 옹호함으로써(프랑스의 영화인들이 다자간투자협정(**AMI**)에 반대하여 이끈 것과 같은 유형의 행동들에 의해) 그들을 통해 가

장 직접적으로 위협받는 가장 보편적인 가치의 옹호에 기여한다
는 사실은 잊혀지고 있다.

이런 유형의 행동들은 보기도 드물고 행하기도 어렵다. 트럭
운전사 · 간호사 · 은행원 혹은 영화인 같은 특정 사회 계층의 단
체 이익을 넘어서는 원인들로 인한 정치적 동원은 항상 많은 노력
과 많은 시간, 때로는 많은 영웅 정신까지 요구해 왔다. 오늘날 정
치적 동원의 '목표들' 은 극도로 모호하고 시민들, 심지어 교양 있
는 시민들의 일상적인 체험과도 매우 동떨어져 있다. 거대 다국적
기업들과 그들의 국제경영이사회 · OMC · IMF · 세계은행처럼
복잡하고 대개는 발음도 할 수 없는 대문자에 의한 약호와 애크
러님(두문자어)에 의해 지칭되는 다수의 하위 구분을 지닌 거대 국
제 기구들, 그리고 일치하는 모든 현실, 선출된 것이 아니어서 대
중에게는 거의 알려지지 않은 테크노크라트(전문 지식을 갖춘 고
위 관리직)들의 위원회들이 보이지 않고 주목되지 않는, 어쨌든 대
다수는 모르는 진짜 세계 정부를 구성하기 때문이다. 그리고 그것
은 국가 정부들 자체에게 그 힘을 행사한다. 모든 경제적 · 문화
적 기구들과 연결된 색인표를 갖춘 이런 종류의 **빅 브라더**는 이
미 존재하면서 우리가 먹을 수 있는 것과 없는 것, 읽을 수 있는
것과 없는 것, 텔레비전 혹은 영화관에서 볼 수 있는 것과 없는 것
등을 결정하면서 활동하고 결과를 발생시키고 있다. 그에 반해 가
장 견식이 넓은 사람들에 속하는 사상가들 중 많은 이들은 오늘
날 벌어지고 있는 것이 18세기 철학자들 식의 세계 정부 계획에
관한 스콜라학파적 명상들과 비슷한 것이라고 아직도 믿고 있다.

세계의 새로운 지도자들은 그들이 거대 커뮤니케이션 집단들,

즉 문화재의 생산과 배급의 도구들 전반에 걸쳐 장악하고 있는 거의 절대적인 권력을 통해 대부분의 사회에서 여전히 별개의 것, 나아가 서로 반대되는 것으로 남아 있는 경제적·문화적·상징적인 모든 권력들을 집중시키려는 경향이 있다. 그리고 그렇게 함으로써 그들은 그들의 이익에 적합한 세계관을 널리 강요할 수 있게 된다. 거대 커뮤니케이션 집단들은 엄밀히 말해 그들이 직접적인 생산자들은 아님에도 불구하고, 그리고 그들이 그들의 지도자들의 공공연한 선언 안에서 제시하는 표현들이 가장 독창적이거나 가장 날카로운 것들이 아님에도 불구하고, 신자유주의의 침략적이고 환심을 사는 교리가 거의 전세계로 유포되는 데 결정적인 공헌을 하고 있다. 우리는 그것의 **수사학**을 자세히 분석해 볼 필요가 있을 것이다. **규범적인** 사실들 같은 논리적 괴물들("경제는 세계화하고 있고, 우리의 경제를 세계화해야 한다" "상황은 매우 빨리 바뀌고 있고 바꿔야 한다"와 같은), 억지이면서도 단호하고 야만적인 '추론들' ("자본주의가 도처에서 승리를 거둔 것은 그것이 인간의 깊은 본성 속에 새겨져 있기 때문이다"), 위조할 수 없는 주장들("우리는 부를 창출함으로써 일자리를 창출한다" "지나친 세금은 세금을 죽인다" 이는 가장 학식 있는 사람들을 위해 라퍼의 그래프의 도움을 받아 설명할 수 있는 표현으로서, 그에 대해 또 다른 경제학자 로저 게스네리는 그것의 증명할 수 없음을 입증했지만 누가 그것을 알 수 있으랴?), 너무나 이론의 여지가 없어서 그것을 토론한다는 사실이 토론의 여지가 있는 것처럼 보이는 명백한 사실들("복지 국가와 고용의 안정은 과거의 일이다"와 "공공 서비스의 원칙을 어떻게 아직까지 주장할 수 있는가?"), 흔히 기형적인 거짓 추리들

("시장이 많다는 것은 평등이 많다는 것이다" 또는 "평등주의는 수많은 사람들에게 빈곤을 선고한다"), 테크노크라트들의 완곡어법(해고하다라는 말 대신 "기업들을 구조 조정한다"고 하는 것), 그리고 수많은 개념들 또는 의미론적으로 거의 우발적이고 기계적인 긴 용법의 훼손에 의해 평범해지고 공손해진 기성어법들. 그것들은 그들의 주술적 가치로 인해 끊임없이 되풀이되는 마술적 표현처럼 작용한다. ('규제 완화' '자발적 실업' '무역의 자유' '자본의 자유로운 순환' '경쟁력' '기술의 혁명' '경제 성장' '인플레이션을 억제하다' '국가 부채를 줄이다' '노동 비용을 절감하다' '사회적 지출을 줄이다.') **지속적인 포장** 효과에 의해 강요되는 이런 독사는 결국 당연한 것의 조용한 힘과 함께 나타난다. 그것에 대한 저항을 시도하는 자들은 문화적 생산의 장 한가운데에서도 최대 대중의 직접적인 만족을 가장 직접적으로 지향하는 생산과 생산자들과 구조적으로 밀접한 관계가 있는 저널리즘도 믿을 수 없고, 일시적인 성공을 가장 염려하여 시장의 기대에 복종해야 생존할 수 있고 어떤 극단적이고도 특히 시사적인 경우, 광고 분야에서 그에 대항해 구성된 전위의 모방이나 흉내를 팔 수 있는 '미디어의 지식인들'은 더욱 믿을 수 없다. 이는 즉 점차 그들의 생산 수단, 특히 배급 수단을 박탈당하고 있는 가장 자율적인 문화 생산자들의 위치가 이토록 위협받고 이토록 취약했던 적도 없었지만, 또한 이토록 희귀하고 유용하고 값졌던 적도 아마 결코 없었을 거라는 것을 의미한다.

이상하게도 가장 '순수한' 생산자들, 가장 보수를 바라지 않는 생산자들, 가장 '고집불통인' 생산자들은 오늘날 흔히 본인들은 인식하지 못한 채로 인류의 가장 고귀한 가치들을 옹호하는 투쟁의 선두에 서 있다. 그들은 그들의 특이함을 옹호함으로써 가장 보편적인 가치들을 옹호하고 있는 것이다.

2000년 9월, 서울

좀더 잘 지배하기 위해 통합하다*

역사적으로 경제의 장은 그것과 깊은 관계를 맺고 있는 국가의 범주 안에서 형성되어 왔다. 국가는 실제로 경제적 공간의 통합에 여러 가지 방법으로 기여한다. (그 대신 경제적 공간의 통합은 국가의 출현에 기여한다.) 폴라니가 《위대한 변화》에서 증명한 대로 국가 시장의 출현은 교환의 점진적 확대의 기계적인 산물이 아니라 국외와 국내 상업의 증대를 목적으로 하는(특히 토지·금전·노동의 상품화를 조장함으로써) 의도적인 중상주의적 국가 정책의 결과이다. 하지만 통일과 통합은 사람들이 생각하듯 균질화 과정을 초래하기는커녕 이렇게 통합된 일부 주민의 소유권 박탈의 독점으로까지 동시에 갈 수 있는 권력의 집중화를 동반한다. 이는 국가와 그것이 감독하는 영토에 통합하는 것은 사실 지배의 조건이라는 것을 의미한다(모든 식민지화 상황에서 잘 확인되다시피). 실제로 내가 알제리에서 목격한 것처럼 경제의 장의 통합은, 특히 화폐의 통일과 그로 인해 나타나는 화폐 교환의 보편화를 통해 모든 사회적 주체를 어떤 경제적 게임 안에 투입하는 경향이 있다. 그런데 그들 역시 그 경제적 게임을 위해 문화적·경제적으로

---

* 2000년 10월 3일, 도쿄, 케센대학교에서 행한 강연.

준비를 갖추고 있지 않다. 왜냐하면 자급자족으로부터 점점 더 철저하게 멀어지는 시골의 영세 생산자들의 경우에서 우리가 확인할 수 있듯이, 통합은 그들을 더 효율적인 생산력과 생산 방식의 경쟁에 의해 객관적으로 부과된 규범에 복종시키려는 경향이 있기 때문이다. 요컨대 **통합은 지배자들에게 유익하다**. 그리고 차이는 관계 갖음이라는 단 하나의 사실에 의해 자본으로 구성된다. (최근의 한 예를 들자면 30년대에 루스벨트가 불균등하게 개발된 지역들의 하나의 국가적 총체 안에서 통합 후에 일어나는 노동 조건들과 임금의 악화를 피하기 위해 노동 분야에서 공통된 사회적 규칙들——최저임금, 노동 시간 제한과 같은——을 세워야 했던 것도 그 때문이다.)

하지만 한편 통합(과 집중)의 과정은 국경에 제한된 채로 머물러 있었다. 다시 말해 그것은 재화와 인적 자원의 자유로운 소통에 대한 모든 장벽, 특히 법적 장벽에 의해 제한되어 있었다(관세, 무역 감독 등). 그리고 그것은 재화의 생산, 특히 유통이 지리적 장소와 밀접한 관계에 있다는 사실에 의해서도 제한되어 있었다(특히 수송비 때문에). 경제의 장의 확장에 대한 기술적이고도 법적인 이런 제한들은 오늘날 다양한 요인들의 효과로 약화되거나 실종되는 경향이 있다. 그런 요인들로는 한편에는 공중 수송이나 인터넷 같은 새로운 커뮤니케이션 수단의 발전 같은, 순수하게 기술적인 요인들이 있고 한편에는 자유화와 규제 완화 같은, 더 엄밀한 의미에서 정치적 또는 법적·정치적 요인들이 있다. 그리하여 특히 금융 분야에서 **세계 경제의 장**의 형성이 촉진되고 있다. (금융 분야에서는 정보의 소통 수단들이 국가의 다양한 시장들을 분리하는 일시적인 거리를 사라지게 하는 경향이 있다.)

'글로벌라이제이션'의 이중적 의미

여기서 '글로벌라이제이션'(또는 프랑스어로 몽디알리자시옹)이라는 단어로 돌아가야겠다. 우리는 그것이 엄밀한 의미에서 세계 경제의 장의 통합, 또는 그 장을 세계적 차원으로 확대하는 것을 가리킬 수 있다는 것을 확인했다. 하지만 이 단어는 그와는 전혀 다른 것도 의미하고 있다. 그것은 방금 내가 표명한 것처럼 개념의 서술적인 의미에서 규범적인 혹은 좀더 정확하게 말하면 수행적인 의미로 은밀하게 바뀌고 있다. 왜냐하면 '글로벌라이제이션'은 대개 이런 통합의 모든 제한, 대개는 국민 국가와 그것의 확장과 결부된 모든 장벽을 넘어뜨리기 위해 마련한 일련의 법적 · 정치적 조처에 의해 경제의 장을 통일하는 것을 목적으로 하는 경제 정책을 가리키기 때문이다. 이것은 바로 개념의 모호함을 이용해 자신의 상징적인 힘의 일부를 그것에게 수여하는 진정한 경제적 선전 활동과 불가분의 관계에 있는 신자유주의 정책을 정의하는 말이다.

경제적 '글로벌라이제이션'은 기술적 또는 경제적 법칙의 기계적인 결과가 아니라 일련의 주체들과 기구들에 의해 실시된 어떤 정책의 산물이며 특정 목적, 즉 무역의 자유화(트레이드 리버럴라이제이션), 다시 말해 기업들과 그들의 투자를 제한하는 일체의 국가적 조정의 제거를 위해 의도적으로 만들어진 법칙들을 적용한 결과이다. 다시 말해 '세계 시장'은 하나의 정치적 창작물이며(국가 시장이 그런 것처럼), 다소 의식적으로 합의된 어떤 정책의 산물이다. 그리고 이 정책은 그것의 규모에 비례해 국가 시장들의 탄생을 이끈 정책과 마찬가지로, 그때까지는 더 효율적이고 더 강력한 생산 방식과 생산력의 경쟁에서 국가적 한계 안에 갇혀 있던 주체들·기업들을 갑자기 대면시킴으로써 지배의 조건들을 만들어 내는 결과를 낳았다. (그리고 적어도 가장 명석하고 가장 파렴치한 신자유주의 옹호자들에게는 그것이 목표이기도 할 것이다.) 따라서 이제 막 떠오르는 나라들의 경제에서 보호의 철폐는 국내 기업들의 붕괴로 이어질 수밖에 없고, 한국과 타이·인도네시아 또는 브라질 같은 나라들의 경우 외국 투자에 대한 모든 장벽의 제거는 흔히 터무니없는 가격으로 다국적기업들에게 매각된 국내 기업들의 붕괴를 초래한다. 이 나라들의 경우 공적 시장들은 여전히 국내 기업들로 하여금 북반구의 대기업들과 경쟁하는 것을 가능하게 해주는 유일한 방법들로 남아 있다. 그것들이 '지구적인 행동의 장'의 창조에 반드시 필요한 것으로 나타나는 반면, 경쟁과 공적 시장 정책들에 관한 OMC의 강령들은 거대 다국적기업들과 국내의 영세 생산자들이 '똑같은 무기'를 들고 하는 경쟁을 창설함으로써 국내 영세 생산자들의 대량 실종이라는 결과를 초래한 것으로 보인다. 현실적인 불평등 안에서 형식적으로 평등한 것은 지배자들에게 유리하다는 것을 우리는 알고 있다.

'글로벌라이제이션'이라는 말은 우리가 확인하다시피 '모더니제이션(근대화)'이라는 말의 자리를 빼앗은 서술적인 동시에 명령적인 거짓 개념이다. 모더니제이션은 미국의 사회학에서 경제적으로 가장 앞선 사회, 즉 모든 인류 역사의 귀결이자 목표로서 설정된 미국 사회와의 거리에 따라 다양한 사회를 구분하게 하는, 순진하게 자민족 중심주의적인 진화론적 모델을 강요하는 완곡한 방식으로 오랫동안 사용되어 왔다. (이를테면 우리가 이런 사회의 전형적인, 하지만 겉보기에는 중립적이고 이론의 여지가 없어 보이는 특성들 가운데 하나, 예를 들면 주민 일인당 에너지 소비 같은 것을 발전의 정도를 재는 기준으로 삼는 것이 그런 경우이다. 이 모델은《인종과 역사》에서 레비스트로스에 의해 비난받았다.) 이 말(과 그것이 표현하는 모델)은 **보편적 제국주의**의 가장 완성된 형태를 구현한다. 그것은 하나의 사회가 자신의 특성을 보편적인 모델로 은밀히 설정함으로써 그것을 보편화하는 것이다. (특히 마르크스주의의 전통에 따라 모든 가능한 혁명의 모델로 제시된 프랑스 혁명의 유산과 인권의 구현으로 추정되는 프랑스 사회가 그 자격으로 오랫동안 그렇게 해온 것처럼.)

따라서 이 단어를 통해 경제와 금융의 세계적 장의 통합 과정, 다시 말해 지금까지는 장벽이 있었던, 그리고 지금부터는 어떤 특정 사회, 미국 사회의 전통이라는 역사적 특성 안에 뿌리박은 경제라는 모델 위에서 조직되는 어떤 국가 경제의 세계적 통합 과정이 민주주의와 시장 사이의 가정된 관계를 내걸고 모든 나라의 국민들에게 정치적 해방을 허락하는 불가피한 운명으로, 그와 동시에 세계의 자유화라는 정치적 계획으로, **자연적 진화**의 목표로, 그리고 시민의 윤리적 이상으로 설정된다. 이 **공상적 자본주의**의 가장 완성된 형태는 아마도 '주주들의 민주주의,' 즉 주식으로 보수를 받아 집단적으로 '그들 회사의 소유주'가 되어 완벽하게 성공한 자본과 노동의 결합을 실현하는 임금노동자들의 세상의 신화일 것이다. 그리고 '근대화' 이론들의 의기양양한 자민족중심주의는 '실현된 사회주의'의 새로운 몫을 미국 안에서 보는 새로운 경제적 종교로부터 가장 많은 영감을 받은 예언자들과 함께 숭고한 절정에 이르고 있다. (말이 나온 김에 하는 말이지만, 오늘날 시카고 쪽에서 승리를 거두고 있는 일부 과학만능주의의 광기는 다른 시대 다른 장소에서 전개되어 우리가 아는 결과를 낳은 '과학적 사회주의'의 가장 흥분된 망상에 전혀 뒤지지 않는다.)

여기서 잠시 멈춰 보편적으로 모든 합리적인 경제적 실천의 기준으로 제시되고 강요된 것이 사실은 특정 사회, 즉 미국의 역사와 구조 안에 잠긴 어떤 경제의 특별한 특성을 보편화한 것[17]이라는 것, 그리고 동시에 미합중국은 정의상 하나의 정치적·경제적 이상을 실현한 형태이며, 그 이상은 결국 특히 국가의 취약함을 특징으로 하는 그들 자신의 경제적·사회적 모델의 이상화의 산물이라는 것을 우선 증명해야 할 것 같다. 그러면서 또한 미국은 그가 일련의 이례적인 경쟁력 있는 특권을 집결시킨 덕에 세계 경제의 장에서 지배적인 위치를 차지하게 되었다는 것도 증명해야 할 것이다. 미국은 **금융적 특권**을 갖고 있다. 그것은 미국으로 하여금 전세계(즉 일본처럼 저축률이 높은 나라는 물론이고 가난한 나라들의 과두정치 또는 세계 무역의 망도 포함된다)에서 자국의 엄청난 적자, 극도로 저조한 저축률과 투자율을 메우기 위해 필요한 자본을 모을 수 있게 해주고, 자국이 선택한 통화 정책을 다른 나

---

17) 상기한 '미국적 모델의 부과와 그 결과'(25–31쪽)를 참조하라.

라들, 특히 가난한 나라들에 대한 영향을 염려하지 않고 적용할 수 있는 가능성을 보장해 준다. 다른 나라들, 특히 가난한 나라들은 미국의 경제적 결정에 객관적으로 속박돼 있고, 그들의 노동과 제품——특히 원료——의 낮은 어음가뿐만 아니라 그들은 당하고 미국의 은행들과 주식 시장은 이득을 본 과징금을 가지고 미국의 성장에 기여했다. 미국은 **경제적 특권**을 갖고 있다. 그것은 자본재와 투자재 분야, 특히 마이크로 전자산업 분야의 힘과 경쟁력 덕에, 또는 개혁이 없는 출자 안에서 은행이 맡은 역할 덕에 가능하다. 미국은 **정치적·군사적 특권**을 갖고 있다. 그것은 그들이 그들의 이익에 유리한 경제적·상업적 규범을 강요하게 놔두는 그들의 외교적 영향력 덕에 가능하다. 미국은 **문화적·언어적 특권**을 갖고 있다. 그것은 공적·사적인 학문 연구 체계의 탁월한 품질(노벨상 숫자로 측정할 수 있는), **로여(변호사)**들과 큰 **로펌(법률사무소)**들의 힘, 그리고 마지막으로 원거리통신과 모든 상업 문화 생산을 지배하는 영어의 현실적인 보편화 덕에 가능하다. 미국은 **상징적 특권**을 갖고 있다. 그것은 세상에 대한 표현, 특히 영화적 표현의 생산과 배급을 통해 거의 전세계적으로, 적어도 청소년들에게만은 인정받는 생활 방식의 부여 덕에 가능하다. 그런데 그것은 근대성의 이미지와 결부되어 있다. (말이 나온 김에 말이지만, 미국 경제의 우월성——게다가 그것은 미국이 그것을 강요할 때 내세우는 완전 경쟁의 모델로부터 점점 더 멀어지고 있다——은 **구조적 효과 때문이지 어떤 경제 정책의 특별한 효율성 때문이 아니다.** 설령 가장 자격을 갖추지 못한 자들을 위한 매우 취약한 임금과 결합된 노동의 강화와 노동 기간 연장의 효과, 그리고 지배적인 기술과학자에게 맡겨진 새로운 경제의 역할이 아무 소용 없지 않다 해도.)

세계 경제의 장 한가운데서 성립되는 힘의 관계에 대한 가장 명백한 표시들 가운데 하나는 아마 **이중적 기준**(상황에 따라 다른 판정을 하는 것)이라는 논리와 불균형일 것이다. 이것은 이를테면 지배국들, 특히 미국이 개발도상국들에게는 금하는(이를테면 그들의 산업에 중대한 손해를 야기하는 제품의 수입을 제한하거나 외국의 투자를 조절하지 못하게 한다) 보호무역주의와 보조금에 의지할 수 있게 해준다. 그리고 남반구 나라들의 사회적 권리에 대한 염려(또는 이를테면 아동 노동 금지)에 보호무역주의적 동기는 하나도 없다는 것을 믿기 위해서는 많은 호의가 필요하다. 왜냐하면 우리는 그것이 미국처럼 많은 회사들 안에서 규제 완화, 유연화, 임금과 조합권의 제한이 시작된 나라의 행위라는 것을 알기 때문이다. 그리고 '**글로벌라이제이션**' 정책은 아마 그 자체가 이런 불균형에 대한 최고의 예증일 것이다. 왜냐하면 그것은 지배국들에게 가장 유리한 모델을 상호성 없이 일방통행으로(다시 말해 고립주의와 자치주의를 결합한 형태로) 전세계로 확대하는 것을 목표로 삼기 때문이다.

자유 무역, 자본의 자유로운 순환, 수출을 향한 성장의 절대 통치의 부과에 의해 세계 경제의 장의 통일은 이전 시대에 있었던 국가 경제의 장으로의 통합과 똑같은 모호함을 보인다. 왜냐하면 이 '사회 계획'은 겉으로는 맥도날드 · **진** · 코카콜라 '문화'라는 **값싼**(cheap) 생활 방식의 세계적인 보급 안에서, 혹은 흔히 긍정적인 '**세계화**'의 지표로 간주되는 '법적 균질화' 안에서 자신의 변명을 발견하는 무한적 보편화, 일종의 통합 운동 같은 모습을 보임으로써 지배국들, 즉 거대 투자가들에게 봉사하기 때문이다. 그들은 국가들 위에 있으면서 큰 나라들, 그들 가운데에서도 특히 정치적 · 군사적으로 최고의 강대국인 미국과, 미국이 감독하는 세계은행 · 국제통화기금 · 세계무역기구 같은 거대 국제 기구들이 그들의 경제 활동을 이끄는 데 유리한 조건들을 보장해 주는 것을 기대할 수 있다. **불평등 속에서의 통합과 결부된 지배의 효과**는 캐나다가 처한 운명에서 확연히 드러난다. (만일 유럽이 미국과 일종의 관세동맹으로 나간다면 유럽도 같은 운명이 될 수 있다.) 특히 전통적 보호주의의 약화로 인해 문화 분야에서 무방비 상태가 된 이 나라는 지금 경제적 · 문화적으로 미국이라는 강국에 완전히 통합당하고 있는 중이다.

과거의 국가들처럼 지배적인 경제 세력들은 실제로 (국제) 법과, 로비 활동에 맡겨진 거대 국제 기구들을 마음대로 이용할 수 있다. 그들은 기업들 혹은 국가들의 경제적 이익을 법적 정당화로 가리기 위해 노력한다. (이를테면 산업투자가들에게 최대의 보호와 권리를 보장함으로써.) 그리고 그들은 그들의 지적 에너지의 매우 큰 몫을 소비자 보호를 보장하는 법과 규칙 같은 국민의 권리를 해체하는 데 할애한다. 국제 기구들은 통상적으로 국가에 부여된 모든 기능(사회 보장과 관련된 기능들 같은)을 충족시키지 않으면서도 국가의 정부들을 보이지 않게 지배하고, 부차적인 사업들의 관리자로 축소된 국가 정부들은 진짜 결정 장소를 은폐하기에 적합한 하나의 정치적 환상의 차폐막을 형성한다. 그들은 국가들에게 세제 분야(감세를 허가함으로써)나 경쟁력 있는 특혜 분야(무상의 인프라를 제공함으로써)에서 경쟁 게임을 하도록 강요하는 경제적 경쟁의 거의 기계적인 활동을 상징적 차원에서 강화한다.

세계 경제의 장의 상황

세계의 장은 세계의 하부 장의 총체로 나타나며, 각각의 하부 장은 하나의 '**인더스트리(산업)**'와 일치하고, 하나의 인더스트리는 동일 범주에 속하는 제품의 생산과 상품화를 위해 경쟁하는 계획들의 총체로 이해된다. 거의 언제나 소수 독점적인 이 하위 장들의 구조는 세계적 차원에서 유능한 경쟁자의 지위를 획득하고 유지할 수 있는 다양한 기업들간의 자본의 분배(그것의 다양한 종류대로)의 구조와 일치하며, 각 나라에서 한 기업이 차지하는 위치는 다른 모든 나라에서 이 기업이 차지하는 위치에 달려 있다. 세계의 장은 매우 집중돼 있다. 지배적인 국가들의 경제는 오직 그들이 구조 안에서 차지하는 영향력(그것은 입구의 울타리 구실을 한다)으로 인해 기업들의 자산을 집중시키고, 그들이 생산하는 이익을 가로채는 동시에 내재적 경향들을 장의 기능으로 돌리는 경향이 있다. 국가의, 국가간의 장 안에서 각 기업이 차지하는 위치는 사실 그 기업 본래의 특권에만 달려 있는 것이 아니라 그 기업의 국가적 귀속에서 유래하는 경제적·정치적·문화적·언어적 특권에도 달려 있으며, 이런 종류의 '국가적 자본'은 다양한 기업들의 구조적 경쟁력에 긍정적이든 부정적이든 증속적인 효과를 발휘한다.

이런 다양한 장들은 오늘날 세계 금융의 장에 구조적으로 종속

되어 있다. 이 장은 (1985-86년 사이 프랑스에서 있었던 금융 규제 완화법 같은 조처에 의해) 두 세기에 가까운 나이를 먹었고, 30년대 큰 은행들의 일련의 파산 이후 특히 강화된 모든 규제로부터 갑작스럽게 해방됐다. 그리하여 거의 완벽한 자율과 통합에 이른 그것은 자본을 활용하는 대표적인 장소가 되었다. 큰 투자가들(연금기금 · 보험회사 · 투자기금)에 의해 모아진 돈은 오직 은행가들에 의해서만 감독받는 자율적인 세력이 되어 생산적 투자는 희생시키고 점점 더 투기, 금융의 목적 말고 다른 목적은 없는 금융 조작에 특전을 부여하고 있다. 그리하여 국제 투기 경제는 중앙은행처럼 금융 조작을 조정하던 국가 기관들의 감시로부터 해방됐고, 이제 장기 이율은 국가 기관들에 의해서뿐만 아니라 금융 시장의 동향을 지휘하는 소수의 국제 조작자들에 의해서도 결정되는 경향이 있다.

연금기금과 뮤추얼 펀드에 금융 자본이 집중되는 현상은, 집단 저축을 유인 · 관리하고 초국가적 관리자들로 하여금 주주들의 이익, 금융적 수익성의 요구를 내걸고 이 저축을 기업들에게 부과하도록 만든다. 그리고 그것은 차차 그들의 전략의 방향을 결정한다. 이것은 특히 그들의 다양화의 가능성을 제한함으로써, 그리고 그들에게 **다운사이징**, 비용과 인원의 축소, 또는 합병인수 결정들을 강요함으로써 가능하며, 이런 결정들은 임금노동자들에게 모든 위험이 돌아가게 만든다. 왜냐하면 적어도 가장 높은 자리에 있는 사람들의 경우, 때로는 주식으로 받은 수당을 통해 가공적으로 이익에 참여하기도 하기 때문이다. 최고의 금융 수익성을 획득하기 위해 자본을 투입하거나 특히 방출할 수 있는 자유

(아마도), 자본을 투자하거나 폐지할 수 있는 자유가 늘어나면서 자본의 유동성과 공업이나 은행업에서 보편화된 탈국지화가 촉진되고 있다. **외국에 대한 직접적인 투자**는 자본뿐 아니라 노동력 분야에서도 국가들 또는 지역들간의 차이를 활용하게 할 뿐 아니라 가장 알맞은 시장에 근접한 곳을 찾게 한다. 신생 국가들이 자율적인 봉토를 중앙 권력에 종속된 지방으로 변화시킨 것처럼 '기업의 망들'은 국내적이면서 국제적인 어떤 시장 안에서 윌리엄슨의 말처럼 거래를 '내부화'하는, 다시 말해 한 회사에 흡수되어 '본사'의 '자회사' 신분으로 축소된 회사들을 통합시킴으로서 생산 단위들 안에서 그것들을 조직하는 방법을 발견하고 있다.

따라서 세계 경제의 장에 통합하는 것은 지역 또는 국가의 모든 영향력을 약화시키는 경향이 있으며, 통합의 무기인 형식적인 세계주의는 개발의 다른 모델들, 특히 단번에 민족주의적인 것이라는 선고를 받은 국가적 모델들의 가치를 떨어뜨림으로써 시민들을 경제와 금융의 초국가적 세력들 앞에서 무력하게 만들고 있다. 소위 '구조 조정' 정책들은 지배받는 경제 제도들의 종속 관계 안으로의 통합 보장을 목적으로 한다. 이는 사회적 국가와 결부된 경제의 정치적 조정에 관한 소위 '인위적'이고 '자의적'인 모든 메커니즘의 역할을 축소시킴으로써 가능하다. 그런데 그 사회적 국가는 이른바 자유 시장을 위해, 국내 시장에 대한 모든 보호의 폐지와 외국인들의 투자에 대한 감독 완화 같은 일련의 집중적인 규제 완화와 사유화 조처들에 의해 초국가적 기업들과 국제적 금융 기관들에 대항할 수 있는(경쟁에 노출되는 것은 기업들을 더 능률적으로 만들 것이라는 다윈의 가정을 내걸고) 유일한 결정 기관이다. 그렇게 함으로써 이 정책들은 집중된 자본에 거의 전적인 자유를 보장하고, 정도의 차이는 있겠지만 직접적으로 이런 정책들을 고취시킨 거대 다국적기업들에게 탄탄대로를 열어주는 경향이 있다. (거꾸로 그것들은 소위 '떠오르는' 나라들, 다시 말해 효과적인 경쟁을 내세울 수 있는 나라들이 국가적 보호를 옹호하고 농부들과 노동자들이 구매력 증가에 의해 소비에 접근하는 것과 관련된 실질적 수요의 출현을 조장함으로써 경제의 인프라를 건설하고 국내 시장을 창출할 목적으로 국가에 의지하려는 시도들을 무력화시키는 데 기여한다. 그런데 그 구매력 자체도 이를테면 토지 개혁이나 누진세 제도 같은 국가의 결정들에 의해 촉진된다.)

가장 가진 것이 없는 나라들을 거의 오직 천연자원의 확장적 혹은 집중적 채굴에만 기대는 경제로 점점 더 축소시키는 경향이 있는 힘의 관계——사실 이런 정책들은 이런 힘의 관계를 나타내는 별로 완곡하지 않은 하나의 표현이다——는, 세계적 기구들이 자본의 분배 구조 안에서 차지하는 자리에 따라 각 나라들에게 적용하는 대우의 불균형 속에서도 드러난다. 그것의 가장 전형적인 예는 아마 IMF가 미국에게 한 장기적 적자의 축소 요구들이 오랫동안 아무 효과 없이 지속된 데 반해, 같은 기구가 이미 도탄에 빠진 아프리카의 수많은 경제에 강요한 적자의 감축은 실업과 빈곤을 증대시키는 결과만을 낳은 것일 터이다. 게다가 전세계에 국경 개방과 국가의 해체를 설교하는 미국이 사회적 권리의 보편적 존중에 관한 일부 덕성스러운 권고는 말할 것도 없고 쿼터, 자발적인 수출 제한, 품질 또는 안전 기준과 강요된 화폐 재평가를 통해 다소 미묘한 형태의 보호무역주의를 시행할 수 있다는 것도 우리는 알고 있다. 또는 이를테면 우리가 '혼합된 독과점'이라고 부른 것을 통해 여러 가지 국가의 원조 형태들을 따를 수 있다는 것도 알고 있다. 혼합된 독과점은 자발적 수출 제한에 대한 합의를 통해, 또는 외국의 지사들에 대한 생산 쿼터의 고정을 통해 시장의 분배를 보장하는 것을 목적으로 하는 국가들의 개입을 근거로 한 것이다.

과거 유럽에서 국가적 차원에서 행해진 통합과는 달리 이 통합은 국가 없이──모든 나라들간의 평등한 무역을 보장할 수 있는 중립적인 예비 화폐를 만들어 내는 세계중앙은행의 탄생을 보겠다는 케인스의 기원과는 반대로──그리고 지배자들의 이익만을 위해 이루어진다. 그 지배자들은 유럽 국가 초기의 법학자들과는 달리 그들의 이익에 부합하는 정책을 보편적인 겉모습으로 위장할 필요는 사실 없다. 이것이 장의 논리이고, 지배자들의 이익에 유리한 힘의 관계를 강요하는 집중된 자본의 고유한 힘이다. 지배자들은 그들이 지배하는 거대 국제 기구들(IMF · OMC)의 거짓 중립적인 개입을 통해, 또는 그들이 고취하고 강요할 수 있고 AMI(다자간투자협정)의 계획안에서 가장 완성된 표명을 발견한 경제와 정치의 구현을 가장하여, 이런 힘의 관계를 보편적인 모습을 한 게임의 규칙으로 변화시킬 수 있는 방법들을 갖고 있다. 국가의 모든 구속으로부터 해방되고 투자가들의 임의에만 맡겨진 세상이라는 이런 종류의 유토피아는, 전세계의 산업과 금융의 다국적 기업들의 경영진과 간부들로 구성된 보수적인 인터내셔널이 어떤 제국주의적 국가의 정치력 · 외교력 · 군사력에 의거해서 강요하려 드는, 실제로 '세계화된' 세상이라는 개념의 형성을 용납한다. 그리고 그 제국주의적 국가는 점차 내부와 외부의 질서 유지 기능들로 축소된다.[18] 그러므로 법제의 '조화'에 의해 보장되는 이런 통합이 그것의 유일한 논리에 의해, 보편적 국가에 의해 수용되는 진정한 보편화로 인도하기를 기대하는 것도 헛된 일이다. 하지만 단기적 경제 이익에만 주의를 기울이는 소규모 독과점 체제 정책의 효과가 점차 지배적인 경제 세력들을 감시하고, 그들을 실제로 보편적인 목적에 종속시킬 책임이 있는 초국가적 기구들의 창설을 강요할 수 있는, 그 역시 세계적인 정치 세력들의 점진적 출현을 촉진할 수 있기를 기대하는 것이 당찮은 일은 아닐 것이다.

2000년 10월, 도쿄

---

18) 프랑수아 슈네의 《자본의 세계화》(파리, 시로스 출판사, 1994년), M. 프리태그와 E. 피노(가 기획한)의 《연결된 세계》(몬트리올, 노타 벤 출판사, 1999년)를 참조하라.

김교신
서강대학교 불문과 졸업
역서:《어른이 되기는 너무 힘들어》《닥터 미셸》
《르 코르뷔지에》《레오나르도 다 빈치》
《라틴 문학의 이해》《노동의 종말에 반하여》
《경제, 거대한 사탄인가?》《문학은 무슨 소용이 있는가?》 등

현대신서
135

맞불 · 2

초판발행 : 2003년 4월 20일

지은이 : 피에르 부르디외
옮긴이 : 김교신
총편집 : 韓仁淑
펴낸곳 : 東文選

제10-64호, 78. 12. 16 등록
110-300 서울 종로구 관훈동 74
전화 : 737-2795

편집설계 : 李姃昘

ISBN 89-8038-289-8 94300
ISBN 89-8038-050-X (현대신서)

126 세 가지 생태학	F. 가타리 / 윤수종	8,000원
127 모리스 블랑쇼에 대하여	E. 레비나스 / 박규현	9,000원
128 위뷔 왕 [회곡]	A. 자리 / 박형섭	8,000원
129 번영의 비참	P. 브뤼크네르 / 이창실	8,000원
130 무사도란 무엇인가	新渡戸稻造 / 沈雨晟	7,000원
131 천 개의 집 [소설]	A. 라히미 / 김주경	근간
132 문학은 무슨 소용이 있는가?	D. 살나브 / 김교신	7,000원
133 종교에서—행동하는 지성	J. 카푸토 / 최생열	근간
134 노동사회학	M. 스트루방 / 박주원	근간
135 맞불·2	P. 부르디외 / 김교신	10,000원
136 믿음에 대하여—행동하는 지성	S. 지제크 / 최생열	9,000원
137 법, 정의, 국가	A. 기그 / 민혜숙	근간
138 인식, 상상력, 예술	E. 아카마츄 / 최돈호	근간
139 위기의 대학	ARESER / 김교신	근간
140 카오스모제	F. 가타리 / 윤수종	10,000원
141 코란이란 무엇인가	M. 쿡 / 이강훈	근간

【東文選 文藝新書】

1 저주받은 詩人들	A. 뻬이르 / 최수철·김종호	개정근간
2 민속문화론서설	沈雨晟	40,000원
3 인형극의 기술	A. 훼도토프 / 沈雨晟	8,000원
4 전위연극론	J. 로스 에반스 / 沈雨晟	12,000원
5 남사당패연구	沈雨晟	10,000원
6 현대영미회곡선(전4권)	N. 코워드 外 / 李辰洙	절판
7 행위예술	L. 골드버그 / 沈雨晟	절판
8 문예미학	蔡 儀 / 姜慶鎬	절판
9 神의 起源	何 新 / 洪 熹	16,000원
10 중국예술정신	徐復觀 / 權德周 外	24,000원
11 中國古代書史	錢存訓 / 金允子	14,000원
12 이미지 — 시각과 미디어	J. 버거 / 편집부	12,000원
13 연극의 역사	P. 하트놀 / 沈雨晟	절판
14 詩 論	朱光潛 / 鄭相泓	9,000원
15 탄트라	A. 무케르지 / 金龜山	16,000원
16 조선민족무용기본	최승희	15,000원
17 몽고문화사	D. 마이달 / 金龜山	8,000원
18 신화 미술 제사	張光直 / 李 徹	10,000원
19 아시아 무용의 인류학	宮尾慈良 / 沈雨晟	절판
20 아시아 민족음악순례	藤井知昭 / 沈雨晟	5,000원
21 華夏美學	李澤厚 / 權 瑚	15,000원
22 道	張立文 / 權 瑚	18,000원
23 朝鮮의 占卜과 豫言	村山智順 / 金禧慶	15,000원
24 원시미술	L. 아담 / 金仁煥	16,000원

【기 타】

東文選 文藝新書 141

예술의 규칙

— 문학 장의 기원과 구조

피에르 부르디외

하태환 옮김

"모든 논쟁은 그로부터 시작된다"라고 일컬어질 만큼 현재 프랑스 최고의 사회학자로 주목받고 있는 피에르 부르디외의 예술에 관한 사회학적 분석서.

19세기에 국가의 관료체제와 그의 아카데미들, 그리고 이것들이 강요하는 좋은 취향의 규범들로부터 충분히 떼내어진 문학과 예술의 세계가 만들어진다.

피에르 부르디외는 문학 장의 연속적인 형상들 속에 드러나는 그 구조를 기술하면서, 우선 플로베르의 작품이 문학 장의 형성에 있어서 어떤 빚을 지고 있는가를 보여 준다. 다시 말해 작가로서의 플로베르가 자신이 생산함으로써 공헌하는 것을 통해 어떤 존재로 나타나는지를 보여 주는 것이다.

작가들과 문학제도들이 복종하는——작품들 속에 승화되어 있는——논리를 기술하면서, 피에르 부르디외는 '작품들의 과학'의 기초들을 제시한다. 이 과학의 대상은 작품 그 자체의 생산뿐만 아니라, 작품의 가치 생산이 될 것이다. 원래의 환경에 연결되어 있는 사회적 결정들의 효과 아래에서 창조를 제거하기보다는, 장의 결정된 상태 속에 기입되어 있는 가능성의 공간을 분석해 보면, 예술가가 수행해야 하는 작업을 이해할 수 있다. 다시 말해 예술가는 이러한 결정에 반대함으로써, 그리고 그 결정 덕분에 창조자로서, 즉 자기 자신의 창조의 주체로서 자신을 생산하기 위한 작업을 수행해야 한다.

東文選 文藝新書 148

재 생 산

피에르 부르디외 + 장 클로드 파세롱

이상호 옮김

　이 책은 1964년에 출간된 《상속자들》에서 처음으로 선보였던 연구작업의 이론적 종합을 시도한다. 교육관계, 지식인이나 평민의 언어 사용 및 대학 문화 활용, 그리고 시험과 학위의 경제적·상징적 효과에 대한 경험 연구에서 출발하며, 상징폭력 행위와 이 폭력을 은폐하는 사회조건에 대한 일반 이론을 보여 준다. 이 이론은 상징적 주입관계의 사회조건에 대해 설명함으로써 언어학·사이버네틱 이론·정신분석 이론의 누적된 영향 아래서, 사회관계를 순수한 상징관계로 환원시키는 경향을 보이는 분석의 방법론적 한계를 규정한다.

　이 책에 따르면, 학교는 환상을 생산하지만 그 효과는 환상과 거리가 멀다. 그래서 학교의 독립성과 중립성이라는 환상은, 학교가 기존 질서를 재생산한다는 가장 특별한 기여 원칙에 귀속된다. 나아가 이 책은 문화자본의 분배 구조를 재생산하는 법칙을 해명하고자 시도함으로써, 오늘날 교육체계에서 작동되는 모순을 완벽하게 이해하는 수단을 제공할 뿐만 아니라 실천 이론에도 기여한다. 행위자를 구조의 생산물이자 구조의 재생산자로 구성함으로써 범구조주의의 객관주의만큼이나 창조적 자유의 주관주의에서도 벗어날 수 있는 실천 이론 말이다.

　현대 교육사회학 분야에서 빼놓을 수 없는 역작으로 평가 받는 이 책은 단순히 교육사회학에 국한되지 않고 교육과 사회, 개인행위와 사회질서, 미시사회학과 거시사회학의 상관성을 밝히는 데 중요한 단서를 제공하고 있다.